水中釣魚ワールド

釣れないとは言わせない
食わせるヒントがいっぱい

釣りたかった
サカナたちの秘密とは…

水中レポート／小泉圭一

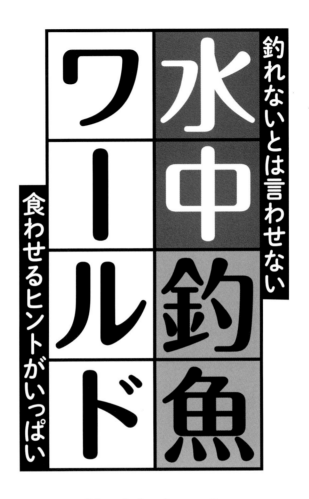

子供のころから釣りや魚が好きで、水の中で魚たちはどんな風にしているんだろうといつも思っていた。その思いが募って簡素な水中メガネとシュノーケルでの素潜りをやり始め、さらに興味が膨らんで本格的にスキューバダイビングを開始した。タンクを背負って潜ると、目の前には垂涎のターゲットたちが泳ぎ、その行動からは目から鱗ともいえる〝釣るためのヒント〟を与えてくれた。

世界へようこそ

小泉圭一

あの磯、この堤防の海中はどうなっていて、どんな魚がいるのか。いつもよく釣っているグレ、チヌ、マダイ、メバル、キジハタなどの本当の生態を見たい…。その後も探究心はとどまるところを知らずダイビングに明け暮れる日々が続いた。

ここでは、その一部ではあるが、潜って撮りためた魚たちの生態を紹介していきたい。みなさんの釣りへのヒントになれば幸いだ。

潜ってつぶさに魚を見ることで
実際の釣りに生かせる

アンダーウォーターの

CONTENTS

メバル

藻場や岩礁帯で浮いては沈む

メバルって？

メバルはほぼ全国的に分布するポピュラーな魚。岩礁帯や藻場などをすみかにし、群れで見かけることが多い。30センチを超えると大型の部類になるが、引きは強く人気のターゲットだ。

一面に藻が生えている場所をメバルがすみかにしていた。そろりそろりと藻の間から浮上する

岩の割れの中はかっこうの隠れ家。ここにいればまずは安心だ

いったい何尾いるのだろうか。そう思わせられるメバルの数。15〜25㌢くらいの大きさだが、20㍍四方だけでも100尾以上は確実にいる感じだった

北海道南部〜九州に分布。目が大きいのでメバルと呼ばれる。内湾部に多く、浅海の岩礁帯にすむ。アマモやガラモなどの藻場をとくに好む。魚類、甲殻類、アミなどを食べている。夜間には大群で表層近くまで浮上し活発にエサを追う。

藻場では大群をなして集団生活

メバルは岩礁帯や藻場などのストラクチャーに付く魚。季節によって、若干群れの規模が違うものの、いつも決まった所で見かける。特に大型メバルはその傾向がより強いように思われる。逆にいえば大型メバルたちには好むストラクチャーがあるともいえる。

メバルたちは、普段はストラクチャーの中やその近辺に潜んでいるが、潮が流れ出したらこぞって浮上してくる。ぽっかり浮かんだり、あるいはゆっくり泳いだり。それは、お食事タイムだ。朝夕や夜間には海面近くまで浮き上がることもあるが、日中は、ストラクチャーに逃げ込める範囲しか行動しないような感じだ。

メバルが大挙群れでいるのが、藻場だ。藻場の規模が大きいほどメバルの群れも大規模になる。遠くから見ると、藻の少し上にメバルがびっしり浮かんでいるのが確認できる。だが、接近すると藻の中へ隠れてしまう。しかし、しばらく待っているとまた徐々に浮上してきて、いったい何尾いるのだろうと驚くほどの数が出現する。

潮が流れ出したり、朝夕のまずめ時になると、隠れ家から出て浮き上がりはじめる

尺メバルが岩穴から浮き上がり海面を見つめる。この姿勢がメバルの特徴でもある

水深15メートルほどのテトラ帯に尺メバルが付いていた。肩の張った筋骨隆々とした魚体でゆっくり泳ぐ

よく潜るポイントでは、いつもメバルたちが同じ場所にいるのですっかりおなじみになった個体もいる。「これを釣ったらかなりすごい引きをするだろうな」と思う大型メバルも多々。翌年にも翌々年にも、そこには同じ魚かどうかはわからないが、尺上（30センチ超え）の大型メバルがいたりする。ただ、大型メバルになるほど、単独で見かけることも多く、おそらくエサを求めて、あちこちに動いているのかもしれない。

尺メバルになるには10年以上

メバルは成長が遅い魚として知られていて、30センチ以上になるのに10年以上かかるといわれている。これは地域差もあるだろうが、他の魚では、たとえばブリなら数年で80センチを超えてしまうから、いかにメバルの成長が遅いかがわかる。釣り人の憧れである尺メバルは貴重な存在といえるだろう。

とある外海に面したテトラ帯のボトム付近にもおなじみの大型メバルがいた。彼らがここで10年以上のときを粛々と過ごしていたのかもしれないと思うと、ある種の畏敬の念を覚えていた。数年の期間を空けて、

メバルの付き場というものが確かにある。季節によって違うがそこに行けばメバルたちに合える場所がある

尺近いメバルが単独で定位。獲物を待ち受ける態勢を維持する

その場所へまた潜る機会を得たのだが、見覚えのある水中風景の中に相変わらず尺上の見事な姿態が浮かんでいて、思わず「元気そうやな」と声を掛けてしまった。

青森県以南に分布。暖海性のハタの仲間でもキジハタは北に分布する種類になる。体色は赤褐色で橙赤色の斑点が多く散在。沿岸から沖合にかけての岩礁帯に住み定着性が強い。甲殻類や小魚を食べる。

キジハタ

狩り場を巡る日課的パトロール

すっぽり体を収められ、さらに藻が守ってくれる。キジハタはそんな居心地のよい場所が大好き。まるで猫のようだ

キジハタって?

キジハタは関西ではアコウと呼ばれ近年人気上昇中のターゲット。全国に広く分布し特に日本海側に多い。大きくなると50センチを超えるが、岸から狙う場合は30〜40センチまでがメインサイズ。

隠れ家から出てきてぽっかり浮かぶ。「さてどこに行く?」とでも話しているのだろうか

岩の割れの間はキジハタにとって安全な居場所。何尾も同じ割れ目に同居していることもある

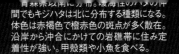

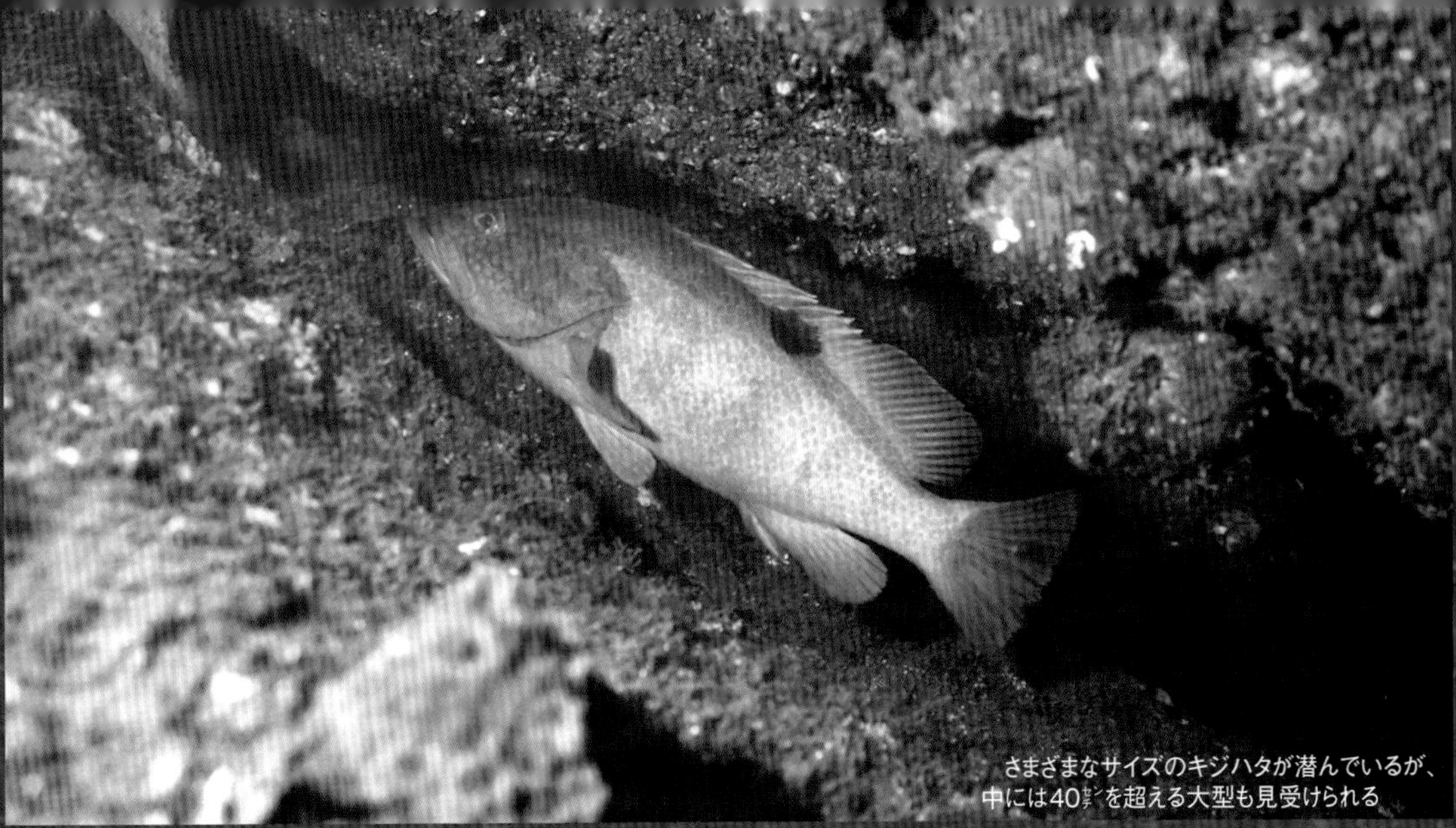

さまざまなサイズのキジハタが潜んでいるが、中には40㌢を超える大型も見受けられる

岩の割れの中にいるときと、このように岩の上に鎮座しているときがある。こんなときにエサがくればパクッとやるはず

キジハタが集うマンションも

キジハタには好みの〝根〟があるようだ。というのも、そこに潜れば必ずいるという隠れ家が存在するのである。それは岩礁帯であったり、テトラ帯であったりいろいろだ。ただし、岩礁帯やテトラ帯は総じて砂地に隣接するシチュエーションがキジハタの好みであるような気がする。

隠れ家は岩の割れなど全身をすっぽり隠すことができるようなすき間になる。キジハタの多くはそんな場所に身を潜めている。

大きな根になると、多くのキジハタが集うマンションになることもある。さらに、住みやすいのはキジハタたちにとってだけではなく、メバルやグレ、イシダイにとっても快適な居場所のようで、異魚種が割れ目に混在していることも珍しくない。まるでシェアハウスのような〝物件〟もけっこう存在する。

身を潜ませるのに飽きた魚はバルコニーよろしく岩棚に出てきたり、中には海藻に体をくるませて海藻浴(?)を行っている魚もいる。マンションライフを満喫するキジハタたちを眺めていると飽きない。

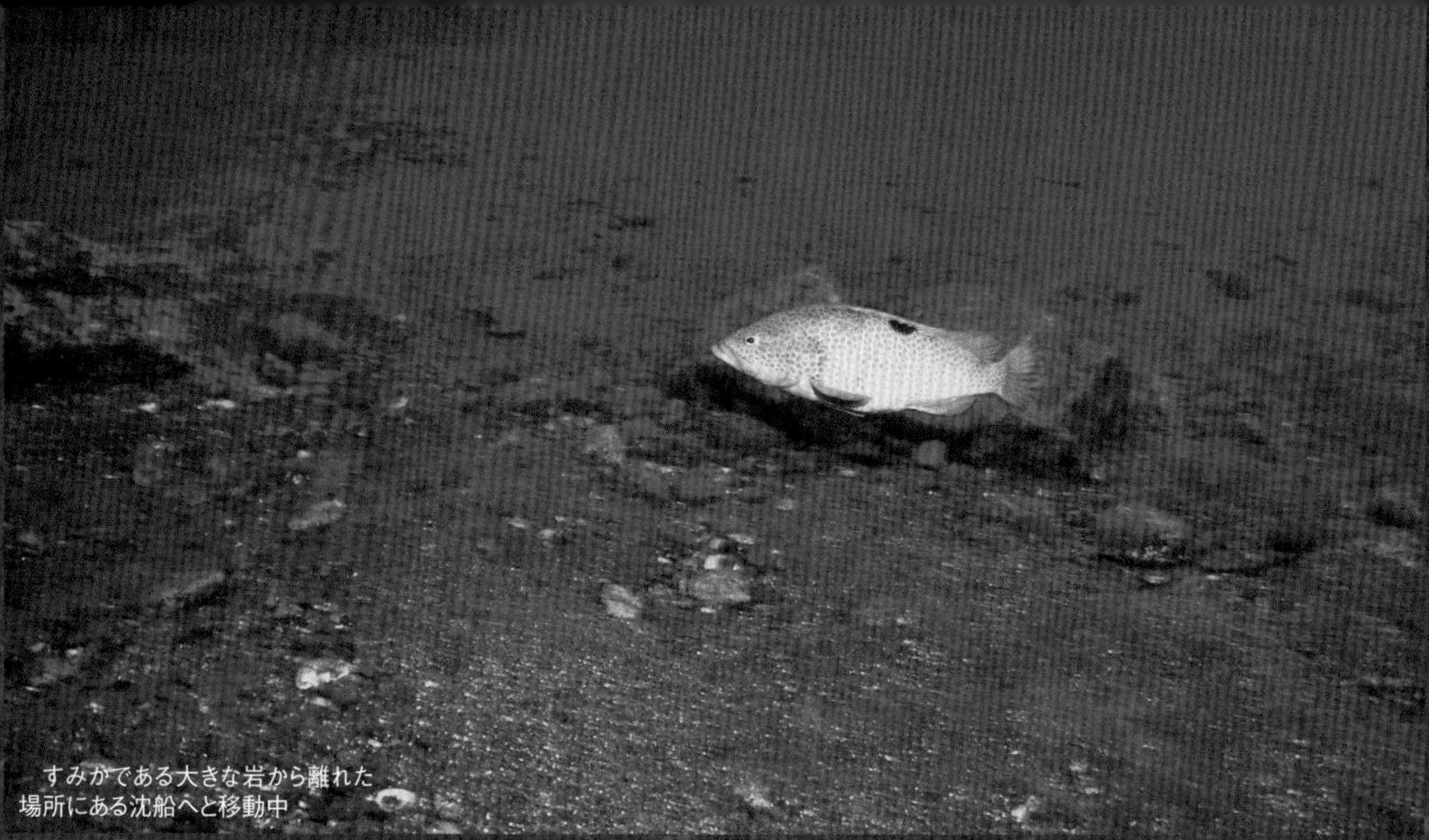

すみかである大きな岩から離れた場所にある沈船へと移動中

水深30メートルほどにある沈船に到着。ストップして様子を伺う。捕食がはじまるのを邪魔してはと忖度しここではストロボはいったんオフにした

移動は一気にとはいかず、時折ストップする。警戒してなのか、一休みなのか

　しかし、潮が流れ出したりしてエサとなる小魚たちの動きが活発になると、キジハタたちは隠れ家から出てフラフラとパトロールに出る。どこへ向かうのかというと、狩り場だ。狩り場とは、彼らがエサを捕食できるポイントに他ならない。

キジハタはハンターと化した

　日本海側のある場所での観察例を紹介しよう。そこは、砂地に大きな岩礁があり、多くのキジハタの隠れ家、先に述べたマンションのようになっていた。その岩礁から15メートルほど離れた場所には沈船があり、沈船には小魚が付いていおり、キジハタにとっては格好のエサ場になっていた。

　潮が流れ出したのを機に、隠れ家に潜んでいたキジハタは岩礁から砂地へ出て、這うようにゆっくり泳ぎ出した。ときおりストップし海底に鎮座。周りを伺うような素振りを見せながら、また移動する。止まっては、まるで匍匐《ほふく》前進するように進んでいく。10分ほどかけて沈船に着くと、眼光が鋭くなり、キジハタはハンターと化した。

　捕食シーンを見ることはできなかったが、キジハタたちはきっと毎日

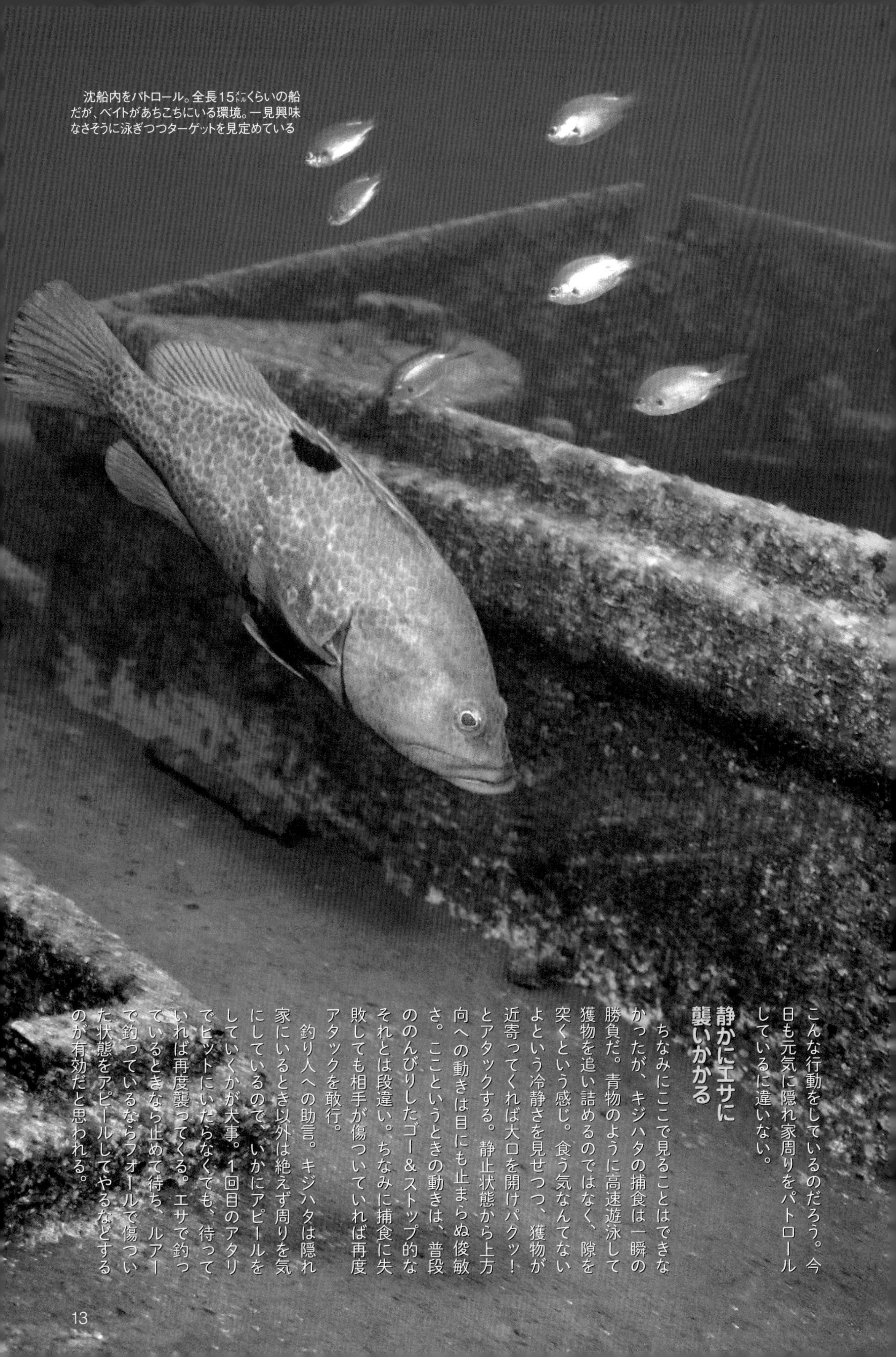

沈船内をパトロール。全長15㍍くらいの船だが、ベイトがあちこちにいる環境。一見興味なさそうに泳ぎつつターゲットを見定めている

こんな行動をしているのだろう。今日も元気に隠れ家周りをパトロールしているに違いない。

静かにエサに襲いかかる

ちなみにここで見ることはできなかったが、キジハタの捕食は一瞬の勝負だ。青物のように高速遊泳して獲物を追い詰めるのではなく、隙を突くという感じ。食う気なんてないよという冷静さを見せつつ、獲物が近寄ってくれば大口を開けパクッ！とアタックする。静止状態から上方向への動きは目にも止まらぬ俊敏さ。ここというときの動きは、普段ののんびりしたゴー＆ストップ的なそれとは段違い。ちなみに捕食に失敗しても相手が傷ついていれば再度アタックを敢行。

釣り人への助言。キジハタは隠れ家にいるとき以外は絶えず周りを気にしているので、いかにアピールをしていくかが大事。１回目のアタリでヒットにいたらなくても、待っていれば再度襲ってくる。エサで釣っているときなら止めて待ち、ルアーで釣っているならフォールで傷ついた状態をアピールしてやるなどとするのが有効だと思われる。

この大きな視力のよい目でターゲットの動向を見定めている

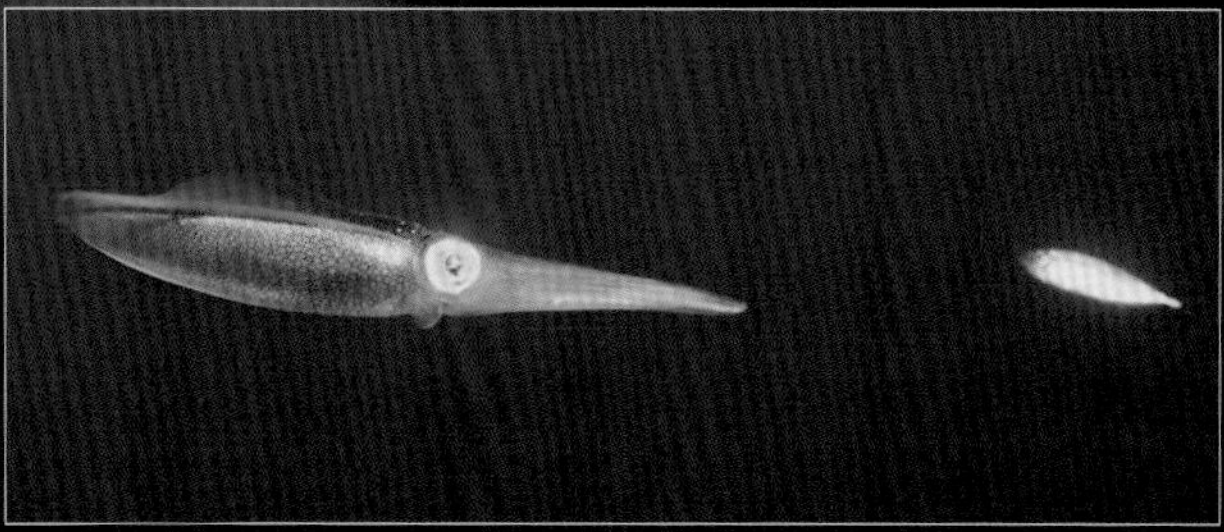

このアジを食ってやろうという意志が見え見え。音もなく忍び寄る

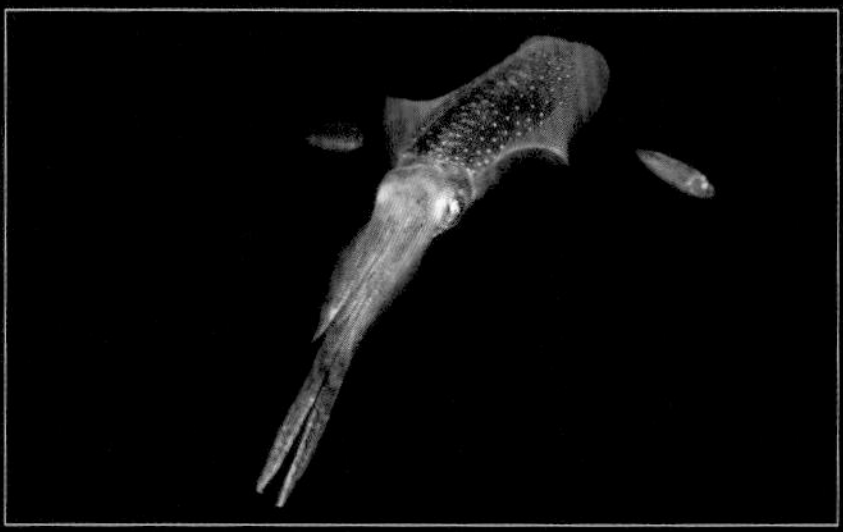

襲う獲物は決まった。触腕を伸ばしたロックオン状態

アジの群れの中にまぎれ込むアオリイカ。より取り見取りだが、ハントできるのは1尾のみ。しっかり見極める

アオリイカ
虎視眈々とアジを狙う

TARGET PROFILE

ツツイカ目ヤリイカ科で全国に分布。南方ほど釣期が長く、型も大きくなる。春から夏に生まれ、晩秋から初冬には1㌔を超えるようになる。

アオリイカって?

アオリイカは沿岸部でポピュラーなイカで釣り人にも人気。秋は数釣り、春は大型狙いが楽しい。ジェット噴射で遁走するときの引きは強烈。

浅い岩礁帯にたくさんの秋イカが集まっていた。一帯にはアジもたくさんいる

目がよく魚の動きを見据える

秋になると岸近くでアオリイカの子供たちが活発に泳ぎ回る姿が見られる。初秋はコロッケサイズといわれる100〜150㌘前後の大きさだが、活発にアジなどの小魚を食べる。秋が深まるほどに成長し、晩秋から初冬には1㌔を超える。

アオリイカは目がよいのが特徴で、警戒心が強いことで知られているチヌよりも視力がよい。チヌは0・13〜0・14でアオリイカは0・63といわれている。その鋭い目でアオリイカは獲物の姿を追う。標的はいわゆる多獲性魚類。身近な海域にたくさん生息している魚であるアジ、サバ、イワシ、キビナゴなどを好んで捕食する。

ただし、元気な魚を捕食するのは容易なことではない。そっと魚の群れに忍び寄りチャンスを伺う。例えば青物など何かの群れに襲われて傷つき泳ぎが普通でなく、トリッキーな動きをする魚がいれば大きな捕食のチャンス。眼光鋭く、アオリイカたちは捕食の機会を待っているのだ。

釣り人は、いかに弱った魚を演出するかが腕の見せ所になる。

15〜25センチくらいのアジが浅い藻場に群れていた。けっこう警戒心が強くさっと逃げたりもする

日中に水深は25メートルほどの海底付近に大挙群がるアジの大群。30〜40センチの大きさであまり動かない

マアジ

活性が上がれば タナも上がる

エサを吸い込むように捕食する

マアジは堤防釣りでもおなじみの魚で、釣り人なら誰しも一度は釣

マアジって?

手軽で身近な堤防釣りから良型を狙う船釣りまで幅広い層に愛される人気魚種。簡単に釣れることもあるが、釣りこなすのは意外に奥が深い。

アミエビを撒いてみると、目のまでスパッと吸い込むように捕食した

マキエで活性が高まると群れの秩序が崩れレンジの幅が大きく広がった

TARGET PROFILE

スズキ目アジ科で北海道～九州にかけて広く分布。群れで生活し、いわゆる多獲性魚類として重要な水産資源でもある。

ったことがあるポピュラーな魚といえるだろう。

どこにでもいて簡単に釣れそうに思うが、実はタナの変動がかなり激しい魚。

表層にいるかと思えば、底に沈んでいたり、レンジを探るのが難しくもあり、探り当てると楽しくもありという感じだ。

ピーカンの日中に海中で見かけるアジの群れは比較的海底付近にいることが多い。

しかし、朝夕、夜間にはかなり上層、ときには水面下にまで浮いているのを見かける。それはマアジたちがエサを取るためだと思われるが、接近してよく見ると口をパクパクして、何か吸い込んで食べているのが分かる。

日没が迫る海に潜り、アジの群れに対してアミエビを与えてみたことがあるが、何尾かがアミエビをスパスパと吸い込んで口にすると、周りのマアジたちも刺激を受け、ほどなく目の前はアジのカーテン状態になった。注目すべきなのは、アジの群れの上下の幅で、いわゆる層的な広がりが何倍にもなっていた。活性が上がると群れが膨らみレンジも上がることを実感したのだった。

岩穴などにすみかを持っているがエサを求めて積極的に回遊するのがオオモンハタの特徴

根を離れ中層を泳ぐオオモンハタ。遊泳力は高い

TARGET PROFILE

オオモンハタ

本州南部では普通に見られるハタ。小型は甲殻類も捕食するが成長して遊泳力が高まると魚食性が強くなり、果敢に小魚を追う。

TARGET PROFILE

カンモンハタ

南日本に生息。こげ茶色の地に白い網目模様があり、琉球列島では一番ポピュラーな小型のハタ類。大きくなっても30㌢程度だが、食欲旺盛でルアーなどに大胆な反応を見せる。

ハタの仲間たち

近年ルアーフィッシングの好敵手として人気上昇中なのがスジアラ、アカハタ、カンモンハタ、オオモンハタなどのハンハタ、タ類だ。生息環境はやや異なり性格も違うが、食欲旺盛でルアーやエサにも果敢にアタックしてくる好ファイター。

スジアラ
アカハタ
カンモンハタ
オオモンハタ

同じハタでも性格はそれぞれ違う

浅いリーフ内のサンゴに潜んでいたカンモンハタ。果敢にミノーにアタックしてきた

大きな岩と岩の間にドカッと居座るスジアラ。眼光は鋭く威圧的だ

TARGET PROFILE

スジアラ

相模湾以南の太平洋岸、日本海西部に生息。体色は赤っぽいものから黄色っぽいもの、暗色のものまで変異がある。肉食性で小魚や甲殻類などを捕食する。

アカハタ

伊豆半島以南の南日本に生息。体色は基本的に橙黄色だが、温帯域では赤く、南のサンゴ礁域などでは白っぽくなる。カニなどの底性動物や小魚を食べる。

TARGET PROFILE

これがアカハタの普段の姿。サンゴのすき間に身を隠している

あまり根を離れないアカハタだが、そきには少しだけ浮き上がることも

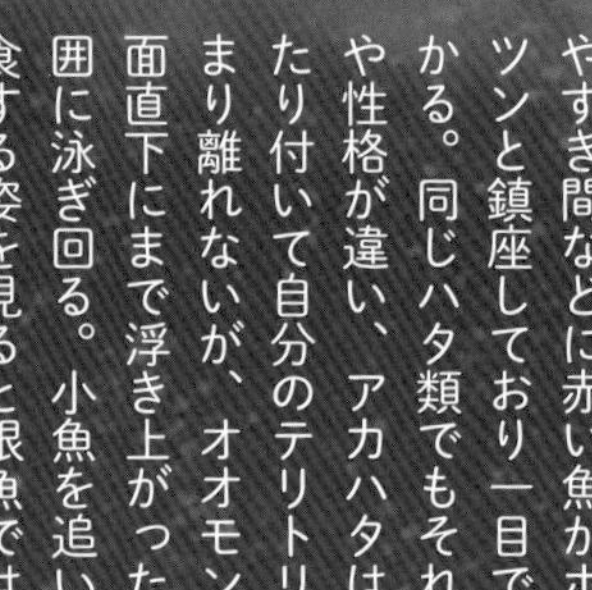

アカハタ、スジアラは根にぴったり付きオオモンハタは浮く

アカハタは磯など根の荒い所に付く魚。海中に潜ってみると岩礁の上やすき間などに赤い魚がポツン、ポツンと鎮座しており一目でそれと分かる。同じハタ類でもそれぞれ行動や性格が違い、アカハタは根にぴったり付いて自分のテリトリーからあまり離れないが、オオモンハタは海面直下にまで浮き上がったり、広範囲に泳ぎ回る。小魚を追い込んで捕食する姿を見ると根魚ではなく明らかなフィッシュイーターだと認識できる。

ときには10㌔を超えるスジアラも根の荒いところが好きだ。まれに潮筋に浮いていることもあるがオオモンハタのように頻繁に浮くことは少ない。

カンモンハタは比較的浅い場所にすむ。リーフ内のサンゴのすき間や岩礁帯などに隠れてじっと上を気にしており、獲物が通れば積極果敢に俊敏な動きで襲いかかる。ちなみにイシガキハタも同じような場所でよく見かけ、生態的にも似たような感じだ。

メバル

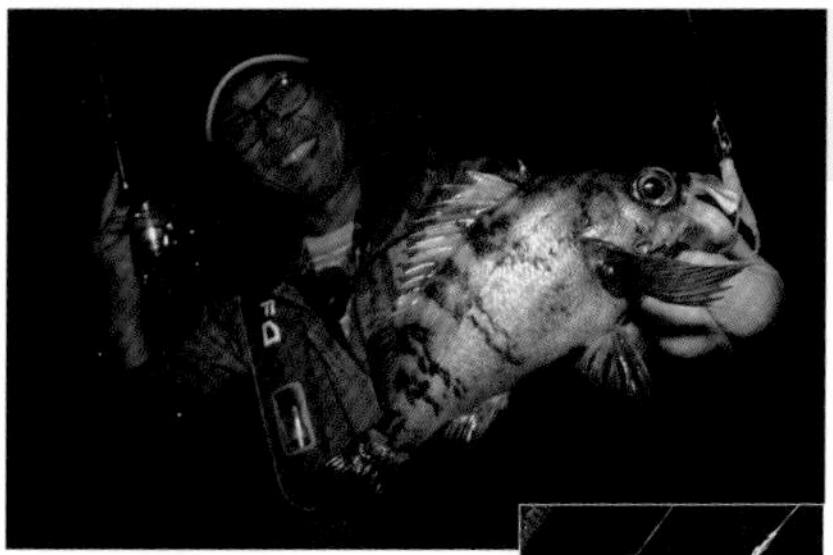

メバルは昼間よりも夜釣りがメイン。ジグヘッド＋ワームに良型がヒット

小型のミノーで釣ると楽しい釣りが期待できる

堤防でのルアー釣りが面白い

メバルは水深1メートルもないようなごく浅い場所から50メートルほどの深い場所にまで生息するが、堤防や漁港などでも手軽に釣ることができる。

岸沿いの浅い場所であれば、近年人気なのはルアー釣りで、7フィート前後のメバルロッドに小型スピニングをセットしワーム（ジグヘッドにセットする）やミノーで攻めていくと面白い。メバルは夜間には大群で表層近くまで浮上し活発にエサを追う。動くものには目がなく小さな魚などを俊敏に捕食する。そんなときを狙って小型のミノーやメバル用ワームなどのソフトルアーをキャストすれば至福のときが待っている。メバルは巻きの釣り言われ、リールを巻いてくるときにヒットすることが多いので心しておこう。

また、エビや虫エサを使ったウキ釣りや探り釣り、胴付き釣りでメバルを狙うことができる。4.5メートルくらいのガイド付き万能竿に小型スピニングリールを組み合わせるとよいだろう。

メバルタックル

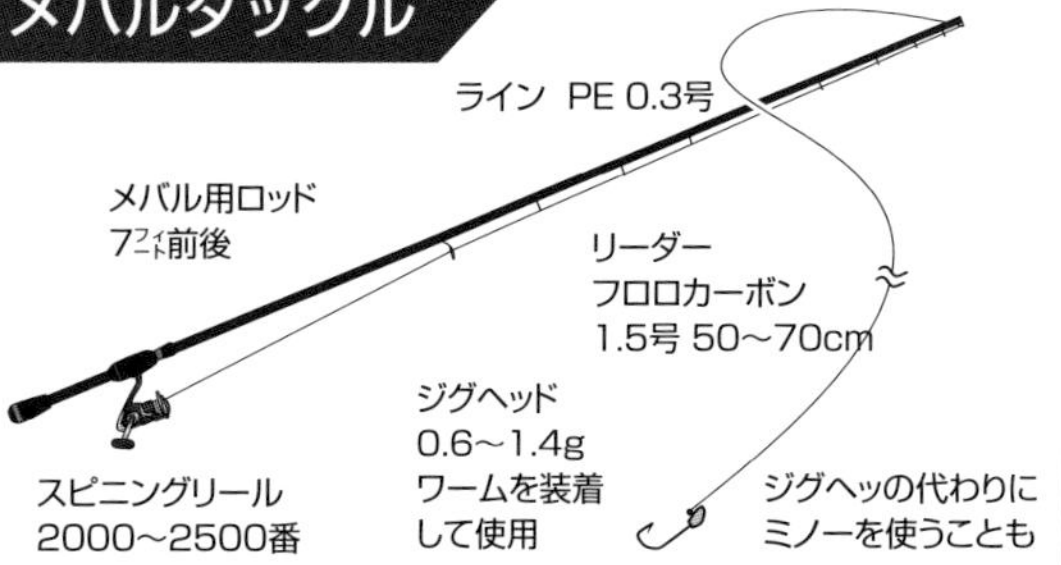

キジハタ

漁港や堤防からでも十分狙える

キジハタは元来は根に付く魚で、自然の岩礁帯だけでなく、港湾部のケーソンやテトラ帯といった人工的な障害物にも付く。そのため漁港周りや堤防からでも十分狙える。キジハタが好きなエビなどの甲殻類は比較的浅場に多く夜間に活発に活動。そのため浅場でエサを捕食するが、日が昇ればまた沖の深場へ移動するというルーティンを繰り返す。朝まずめは浅場でアタリが多く、日中は沖の深場でよく当たる。

ワームを使い、甲殻類を捕食しているときはバレットシンカーを使ったテキサスリグなど、小魚を追っているときはジグヘッドと状況に応じて選ぶのがコツ。シンカーは20～40グラムが基本だが底を取ることができる範囲でできるだけ軽いシンカーにするとキジハタの食い込みがいい。シンカーで底をたたきながら起伏の変化を探して攻める感じだ。

また、エビや虫エサを使った探り釣りでも狙うことができる。4.5メートルくらいのガイド付き万能竿に小型スピニングリールを組み合わせるとよいだろう。

海底をたたくように探っていくとアタリ。すかさず合わせる!

日中はやや深い場所を狙うと釣れる確率が上がる

キジハタタックル

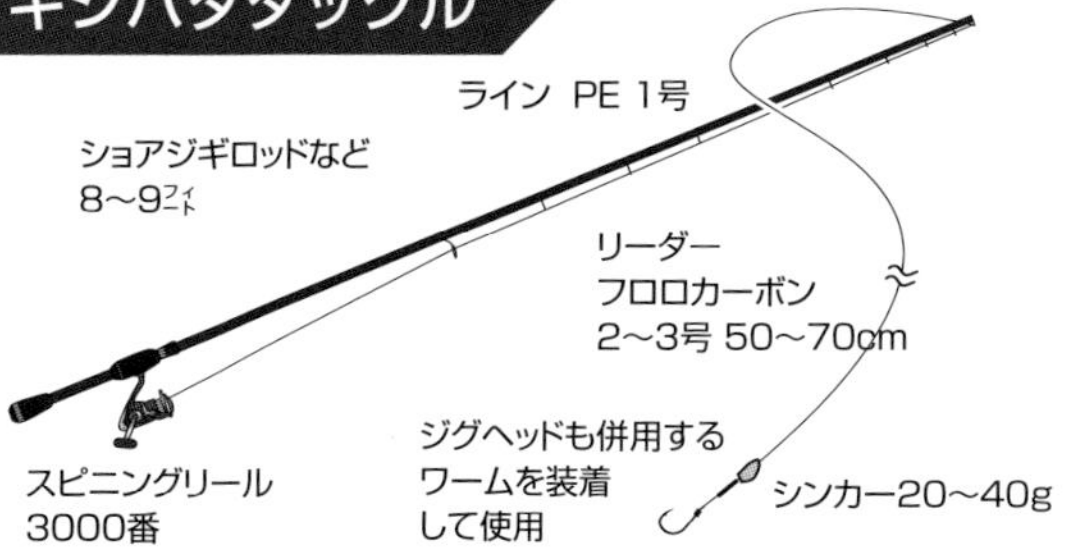

エギが底に着いたらロッドをシャクってエギを舞い上がらせる。これがイカへのアピールになる

エギはさまざなカラーや号数がある。最初はピンク系などがおすすめ

アオリイカ

人気のエギングで狙ってみる

アオリイカはエギを使ったエギングが人気。8フィート前後かそれより短めの専用ロッドを使い 、硬さはミディアムライトくらいがおすすめ。秋イカならエギは2.5～3号、春イカならそれより大きめを選ぶとよい。

底を取るのが基本だが、難しければカウントダウン。これはエギが沈んでいくときに1、2、3と自分なりにカウントしていくこと。底が見えなければカウント20から始め、底に着かなければ25に。浅ければ15にしたり、カウントして底を取れば釣れる。最初はエギを投げて巻くだけでもOKだが、シャクリを行うとイカへのアピール度がアップする。エギが着底したら3回ほどシャクってまたエギを海底まで落とし、アタリがなければまた同じ操作を繰り返す。

また、生きアジをエサにしたヤエン釣りで狙っても楽しい。ヤエンはあとから投入する掛けバリのことで、先にアジだけをイカに抱かせるので、いつ離されるかと、スリリングなのだ。

エギングタックル

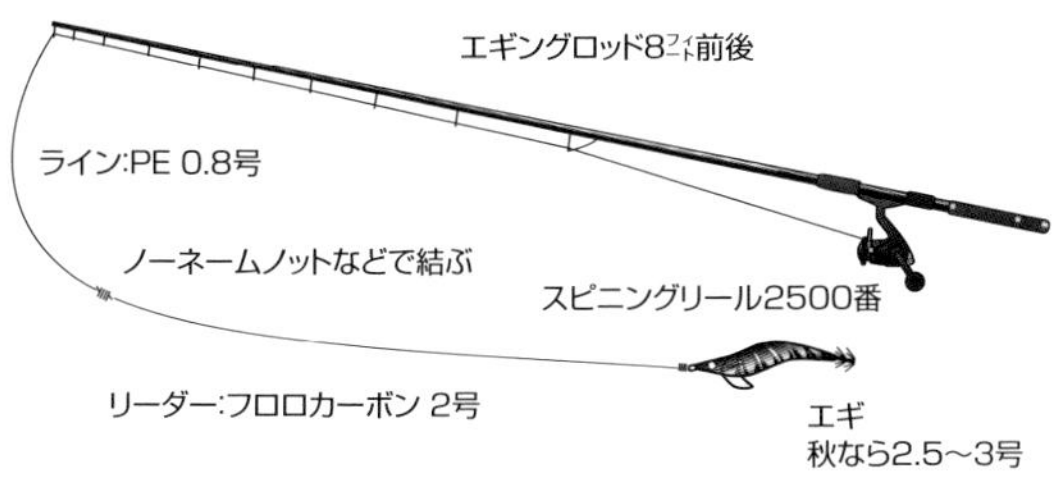

アジ

タナが分かれば痛快なアジング

近年はアジングが人気。5～8フィートくらいのアジングロッドに小型スピニングリールをセット。ジグヘッドにワームを装着し投入する。アジはフォール中、ワームが沈んでいるときに食ってくるので集中しよう。時折チョンチョンとアクションを加えてもよい。釣りやすいのは昼間より夜で、港の常夜灯周りはアジが集まる好ポイントになる。

アジはレンジ（タナ）が大事。水深が浅ければ、初めは表層から徐々に下層へと順番に探る。水深5メートル以上なら分けて探る。自分なりに5カウント数えてそこから探りだすとか、それでだめなら10カウントというふうに刻んでいけばOK。アジは大体同じ層にいるので、しばらくはその層で釣れる。

堤防ならサビキ釣りもおすすめ。サバやカワハギの皮などでできた疑似バリが数本付いているサビキ仕掛け用いる。群れに遭遇すればアジがズラズラと連で釣れるのも魅力だ。上層へと誘って、再び沈めるときに食わせるのが数釣るコツ。また、ウキを付けて遠くのポイントを狙うと、堤防際よりも型のいいアジがくる。

夕方からはアジングのゴールデンタイム。常夜灯周りは狙い目だ

ワームに飛びついてきたアジ。同じタナを攻めるとまだまだ釣れる

アジングタックル

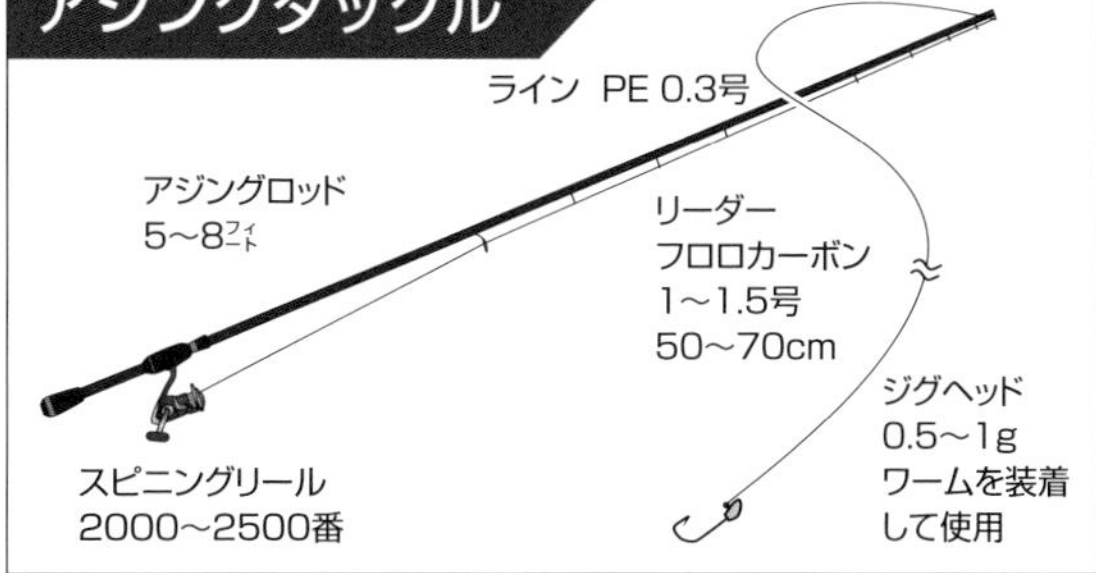

宇治群島の海中シーン。口太グレをメインとした大きな群れが海面下から水深15《メートル》くらいまで群れていた

口太グレ(メジナ)が水面下でオキアミを捕食し急反転した

グレ
群れで行動し潮に敏感

尾長グレ(クロメジナ)は口太グレよりもスピードとパワーが上回る。海中で見ていても動きが違う

TARGET PROFILE

日本には3種類のグレがいる。尾長グレと呼ばれるクロメジナ、口太グレと呼ばれるメジナ、もう1つがオキナメジナ。メジナは北海道以南から九州、クロメジナ、オキナメジナは本州中部以南に分布。

グレって?

口太グレと尾長グレは磯釣りの人気ターゲット。口太グレは堤防周りにも多く比較的身近な魚。数が多く、引きが強いので楽しめる。尾長グレは口太よりも南の地方に多くパワフルで強烈な引きが特徴。オキナメジナは南方系で比較的数が少ない。

潮が動く前はまとまりのなかった群れも潮が動き出すと一体感がでてくる

宇治群島のような魚影が濃い場所ではまだ潮がいっていないときは巨万の群れがこんな風に漂う感じだ

潮が動くとパラダイス的な光景が広がっていた

口太グレは、磯に潜るとよく目にする魚のひとつ。潮が緩いときにグレと出合うと、所在なげに泳いでいたりする。また、何尾かが集まっているのだけれど、それぞれバラバラに動いてまとまりがない感じだ。

ところが、潮が動きだすと、グレたちの動きが急にきびきびしてくるから不思議だ。群れにまとまりというか一体感がでてくる。

とある磯に潜ったときのことだ。水深は15メートルくらいで、海底には10メートル四方ほどの大きな根が横たわっていた。そっと岩の割れ目の中をのぞくと、そこには、びっしりと30～40センチのグレが入っていた。

それらを撮影していったん浮上。2時間ほどの休憩をはさんで、再び同じポイントに潜った。今度は潮がかなり速く流れている。やがて海底の根に到着すると状況が一変していた。

根の周りにグレの大群が遊びまわるという、グレ釣り師から見ればパラダイスのような光景が眼前に広がっていたのだ。グレたちが活気づいて岩の割れ目から出てきた原因が、潮

潮が緩んで流れないな…というときは岩の割れ目などに隠れている

潮が流れだすと、割れ目に隠れていたグレたちが活発化

岩陰などをすみかにするオキナメジナ。数は少ないが、奄美諸島などではよく見かけるグレだ

まさに潮の流れはカンフル剤。元気いっぱいで回遊する口太の群れ

の流れなのは明らかだった。その後、同様な体験をすることがたびたびあり「潮はグレに元気を与える活性剤」だといっそう強く認識するようになったのだ。

潮次第でオキアミを食うのも活発化する

高知県のある磯では、まとまりのないグレの群れが、潮が速く流れだしたのをきっかけに、整然とした集団へ豹変。オキアミを携えていたのでちょっとした実験をすることができた。

潮が止まっているときと、流れているとき、どっちがよく食うか。潮が流れているときの方が断然オキアミを食う回数が多い。また、潮が流れているときには、グレの警戒心が薄くなり、オキアミへのアタックも大胆だ。さらに、人が近づいても逃げない。

潮が流れていないとき、警戒心の強いグレたちに接近するのは案外むずかしいものだが、潮の流れはグレの警戒心を取り除く役目も果たすのである。

これらのことからグレ釣りにおいて、〝流れがある〟ということがいかに重要なのかが分かるだろう。

チヌって?

チヌは内湾部や河口域で普通に見られ身近な釣りものとして高い人気を誇る。フカセ釣りやかかり釣り、落とし込み釣り、ウキダンゴ釣りなど釣り方も多種多様。警戒心が強い傾向にあり、攻略には釣り手の腕が試される。

濁りがあるときには、人も気にせず接近する。そんな大胆一面を見せてくれる

チヌ
濁りが出れば活性アップ

警戒して藻の間を縫うように
移動するチヌ。普段泳いでいる
のは海底から少し上だ

濁りが回った海では、目の前でマキエの
オキアミを食うというシーンもあった

これはナンヨウチヌ。浅い海に多く海底から少し上でじっとしている
ことが多い。このチヌも濁れば活発化する

TARGET PROFILE

和名はクロダイ。北海道南部から九州まで全国に広く分布。近似種として本州エリアではキチヌ（キビレ）、奄美諸島から沖縄エリアにはミナミクロダイ、ナンヨウチヌ、オキナワキチヌが生息する。

通常はチヌが一番先に現れることは非常に少ない

チヌは警戒心が強い魚として知られている。堤防などで人の姿が海面に映った途端にピュッと逃げてしまうのはよくある経験。潜ってチヌを観察するときは確かにその警戒心の高さをしばしば実感する。例えば、マキエやダンゴなどが入っている場所を海中で見ているとき、まず寄ってくるのはエサ取りやボラ。チヌが一番にやってくるということはまずない。

エサ取りなどが騒いでいるのを聞きつけ、遠巻きに現れ、消えてたかと思えばまた現れるという行動を繰り返す。そんなシーンを何度も目撃していて、それがチヌの定番的な行動だと認識するに至っている。

エサを探してうろうろしているチヌ。透明度の高い海では警戒心が強くすぐに逃げてしまう

そうして、安心してエサが食えると判断すれば、マキエやエサに近付いて捕食するのがチヌたちの常套手段なのだ。

ただし、例外もある。透明度の高いときは、そんな行動を取るが海が荒れたり、雨で濁ったりしたときにはチヌたちのたがが外れる。日頃の警戒心はどこへ？　というくらいに性質が変わるのだ。

濁りが大胆なチヌの行動を誘発

荒れて濁った日本海の秋の海に潜ったときのことだ。まずマキエを数発入れておいてから潜水開始。すると、もうすでに海中にはチヌがいて、オキアミをぱくぱくと食っていた。近付いても逃げないし、中には水面下まで浮上して積極的に食う魚もいる。濁りで警戒心が薄れ、さらにマキエに執心しているので、行動は大胆で食うことにだけ専念しているハイな状態。水が澄んで透明度が高いときにはなかなかこんな行動は見られない。一帯には10尾以上のチヌが右往左往していたが、さらに遠巻きにはもっといたのだろうと考えている。

思うにチヌは、人間で言えば人見知りだが打ち解ければ積極的に盛り

濁った海では行動も大胆。これは中層で待ち構えマキエのオキアミを待っているところ

底の方では一回り大きなチヌが落ちてくるエサを拾おうとスタンバイ

チヌがやってきてもダイバーの姿を見るとすぐにビュンとUターン。これが普段の姿

2尾、3尾と数が増え、ダイバーも気にせず食うのに必死なチヌたち

上がる、そんなタイプなのではないだろうか。

エビやボケ、オキアミ、アケミ貝にコーンやサナギ、ネリエなど何でも食う雑食性は、根本的に積極性がないとあり得ないし、ただただ警戒心が強いだけでは生き延びていけないだろう。

いかにして警戒心を解いてやるか。警戒心の薄れた状況で食わせてやるか。それがチヌ釣りの永遠のテーマといえるのではないだろうか。

そういう意味でも〝濁り〟というファクターは重要であり、ダンゴを使うことは、濁らせ警戒心を解くことために有効な手段なのだ。

マダイ

大型は威風堂々とゆったり回遊

大型マダイが悠々と目の前を通り過ぎる姿は圧巻だ。王者といっても差し支えないだろう

TARGET PROFILE

北海道以南に広く分布。体色は鮮やかな赤。体に青い斑点があり、尾ビレの後縁が黒い。水深10〜200㍍の潮通しのいい砂礫と岩礁がまじったような場所に好んで生息する。砂礫と岩礁がまじったような場所に好んで生息する。魚類、甲殻類などを食べる。

マダイって？

古くから日本人が親しんできた魚で、魚といえばタイをイメージする人が少なくない。春には産卵のため藻が多い浅場の岩礁帯に乗っ込んでくる。このときには大型を狙うチャンスになる。

朝方や夕刻に浅場へやってきたマダイ。エサを探しているのだろうか

50〜60㌢くらいのマダイは元気満々だ。ダイバーを見ると一瞥して泳ぎ去った

大型が徘徊する圧巻の光景

春の時期には、圧巻ともいえる光景に出くわす。70〜80㌢、ときにはメーター級かと思えるような大型マダイと遭遇する。産卵のためマダイたちが接岸してくる時期に当たり、水深10㍍より浅い場所、さらに5㍍あるかないかというような浅場にもやってくる。特に大型マダイを見るのは磯の周りに砂底が広がるような地形だ。

大型マダイはほぼ単独で悠然として、あまりダイバーを気にすることもなく、目の前をゆっくりと通過していく。エサでも探してきているのだろうかといつも思うのだが、そんな圧巻の光景は春の定番シーンでもある。

盛期になると、水深30㍍ほどの岩礁が連なる中の盆地帯のような場所で、大型まじりでそこそこの数が群れになって浮かんでいるのをよく見かけるが、大型の単独回遊はこの時期に最も多いのではないだろうか。

もちろん、この時期のマダイは磯釣りにおいてもかっこうのターゲットになるわけで、記録を更新するチャンスともいえるわけだ。

大型のイサギが3尾編隊になって
磯際をパトロールしていた

夕方近い海ではイサギがかなり
上まで浮いているのを見かけた

イサギ
大型は少数精鋭で回遊

イサギって?

沿岸部から沖合にかけて広く生息するので磯釣りや船釣りではよく釣れるポピュラーな対象魚としておなじみ。群れでいるので数も釣れる。近年はルアー釣りのターゲットとして注目されている。

潮通しのいい磯に潜っていると、こんなイサギの大群にはよく出合う。ただし、縞が目立つ30〜35㌢くらいの大きさが多い

TARGET PROFILE

本州中部以南に生息。沿岸部の岩礁域に多い。朝、夕には中、表層に浮上しエサを追う。伊豆七島などでは専門に狙われる。味は最高。

時間帯でタナの上下がけっこう激しい

イサギは数が釣れる魚で群れで大挙しているイメージがある。それはある意味正しいのだが、体の縞が消えてくるような大型になると、少数精鋭で行動する姿を見るようになる。

イサギをよく見かけるのは奥まった湾内の磯よりも外海に面した潮通しがよい磯。日中には深めのタナで行動しているが夕暮れや夜明けには、磯際近くへ回遊してくる。よく日没が近い磯に潜ると「え!? こんな浅いところにイサギ?」と驚かされるくらい上の層に浮いていることもある。実はイサギはタナの上下がマアジくらいにけっこう激しいのだ。

よく船釣りの際に聞く話ではイサギの群れはピラミッド型の構造をしていて、その頂点に大きいのがいるという。しかし残念ながらイサギのピラミッドは見たことがない（実在するなら見てみたい）。ただ大きいのは上にいるというのは確かだと思う。

夕刻の海では、でっかいイサギがいないかなと期待して潜っていることも多々だ。

グレ

オキアミ＋配合材のマキエを撒いて、その中にサシエのオキアミを同調させる

強い引きで楽しませてくれた良型の口太グレ

磯や堤防からのフカセ釣りで楽しい

グレは磯釣りのメインターゲットで一度グレ釣りの醍醐味を味わうとなかなか抜け出せない世界だ。グレ釣りはフカセ釣りと呼ばれるジャンルになり、オキアミなどのマキエを撒いてそのマキエにサシエのオキアミをまぎれ込ませる。このときウキを使って適切なタナ取りと沈め具合を調整するのが重要だが、慣れるまではなかなか難しい。

まずはグレが食ってくるタナを1ヒロ半〜2ヒロと仮定しウキ下をそれに合わせる。マキエを撒いてサシエが1ヒロ半〜2ヒロで同調するようイメージしながら釣ってみよう。グレがマキエを食っていると、その中にサシエがあって、知らずにパクリ！　というメカニズムだ。メインになる口太グレの場合はのみ込まれても大丈夫なので、ウキがしっかり海面下に入るまで待って合わせるとよい。

グレは磯だけではなく、身近な堤防などにも多い魚なので、まずはそんな場所でフカセ釣りにトライしてみるのもいいだろう。

グレ釣りタックル

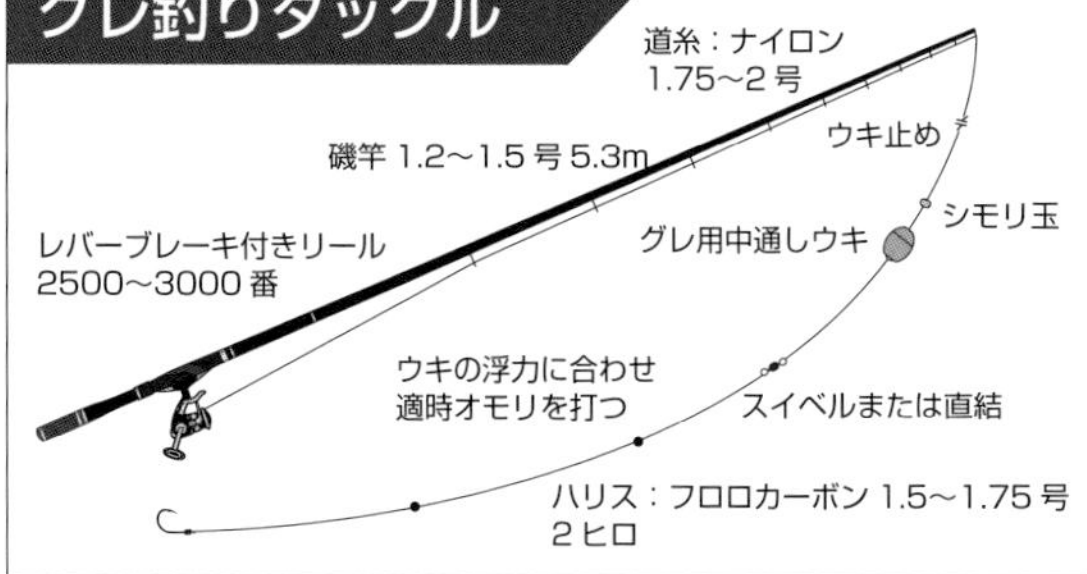

チヌ

さまざまな釣り方があって趣が深い

チヌ釣りにはフカセ釣り、かかり釣り、ウキダンゴ釣り、落とし込み釣りなどいろいろなジャンルがある。それだけ対象魚としてポピュラーということになる。

フカセ釣りはグレ釣りと同じようなスタイルだ。ただ、チヌの場合は中層に浮くこともあるが、まずは底を釣るのが基本。底でマキエとサシエを合わせるイメージになる。

ダンゴを使った釣りはチヌ釣りの特徴的な部分。ダンゴの濁りでチヌの警戒心を解き、ダンゴの中に入れたサシエを食わせる。

ウキダンゴ釣りの場合、タックルはフカセ釣りに準じたものでいいが、ウキは高浮力のものがよい。ラインの抵抗などで沈んでしまうと釣りにならない。

かかり釣りは1.5〜2.4㍍ほどの短竿を使い、ラインの先にハリを結ぶだけというシンプルな仕掛け。海底までサシエを包んだダンゴを落として、ダンゴが割れるの待って、穂先でアタリを読み取っていく。エサ取りのアタリの中からチヌのアタリを見極めるなど、趣深い釣りなので一度やればはまること請け合いだ。

チヌは身近な堤防のフカセ釣りで楽しむことができる

かかり釣りなら短竿で趣のある釣りができる。型のよいチヌを狙い撃ち

かかり釣りタックル

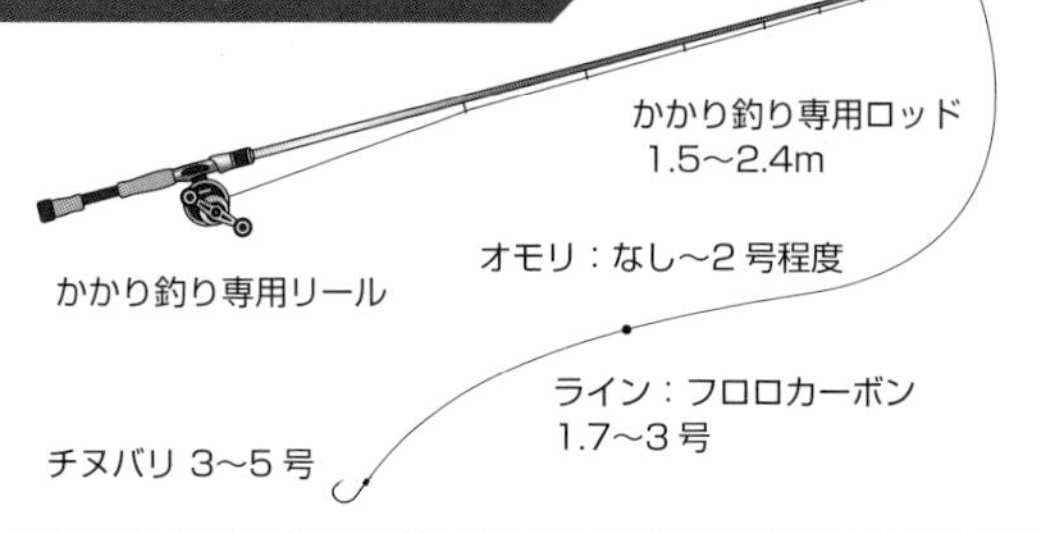

マダイ

磯から仕留めた60センチ超えの大型マダイ。春〜初夏の狙い目

重々しい引きはマダイに違いない

磯のフカセ釣りで大型を狙う

マダイは水深10〜200メートルの潮通しのいい砂礫と岩礁がまじったような場所に好んで生息するが、春には産卵のため藻が多い浅場の岩礁帯に乗っ込んでくる。このときには大型を狙うチャンスになる。

そんな大型マダイを標的に磯からフカセ釣りで狙うのが人気だ。

深めのウキ下で狙えば釣れる確率が非常に高い。そのため浅場よりも足元からドン深で潮がよく通る磯が狙い目。潮目があれば、ウキ下5〜8ヒロで流し込んでいくとマダイと出合えるはず。エサが取られなければ、取られるところまでウキ下を深くし、アタリが出るのを待つ。

近年はジギングの対象魚として人気が上昇中。バスタックルにジグというスタイルで十分楽しめるし、またこちらも人気のタイラバで狙ってもスリリングで面白い。

マダイ釣りタックル

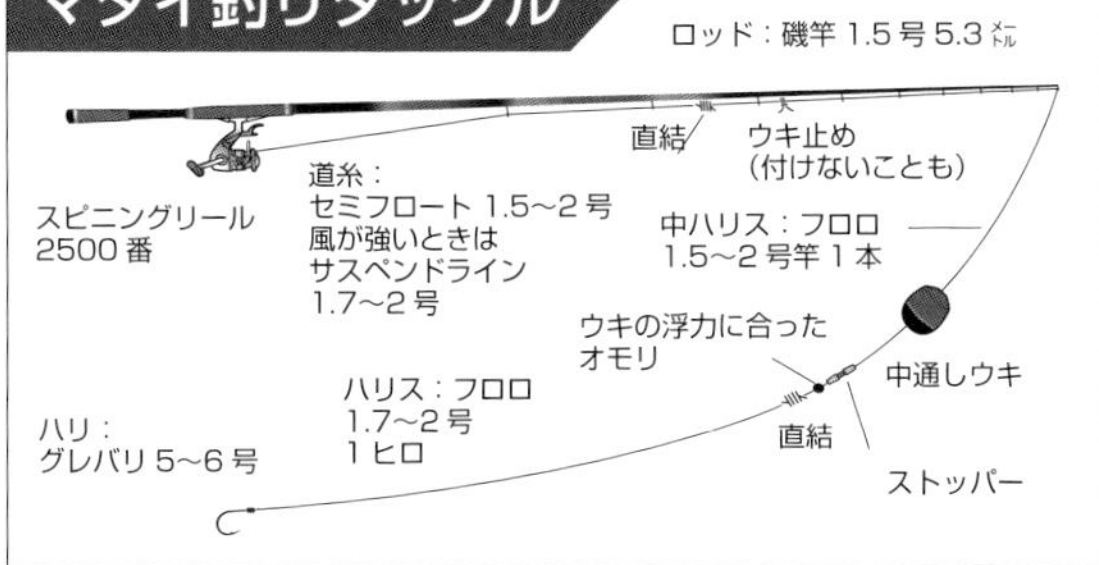

イサギ

磯からフカセ釣りやジギングでも

潮通しのよい磯ならイサギがきっと潜んでいるはずだ

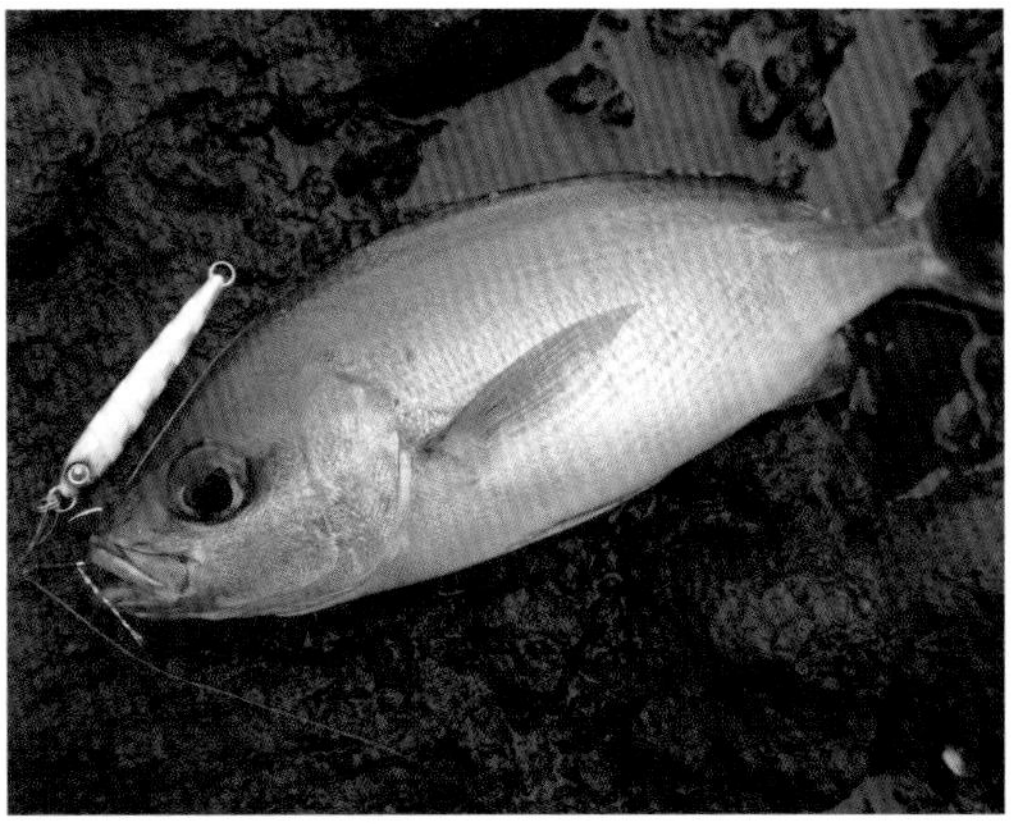

ジギングでもイサギは食ってくる。朝夕がチャンスだ

磯釣りではイサギは人気のターゲット。磯で狙う場合、潮目やサラシと潮目の合流点は見逃せないポイント。通常ウキ下は4〜6ヒロくらいがメインとなり、比較的深いことが多い。日中よりも日が傾きかけたころからがよく、夕方に良型が連発する。磯際の浅いところでも良型が連発することもある。夜釣りができる場所であればイサキ゛が浮いてくるので2〜3ヒロで食ってくることも。

イサギはショアジギングで狙っても面白い。表層からボトムまでどのレンジを回遊してくるか分からないので幅広いレンジを手返しよく探れる10グラム程度のメタルジグが有効。ボトムまで落とし、ジャカジャカ巻きで5〜8回のシャクり上げてフォール。これででワンセット。アタリはフォールで出るが、短めのフォールがカギになる。

イサギタックル

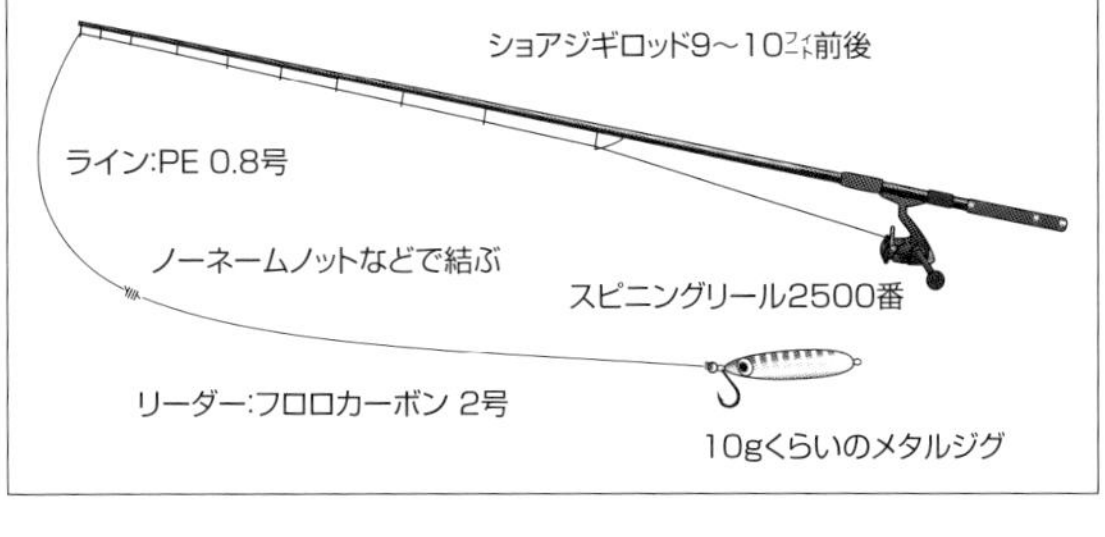

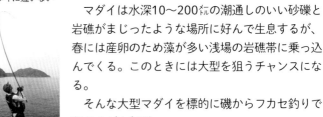

光を吸収する水中という世界　赤色が先に消えて青一色に

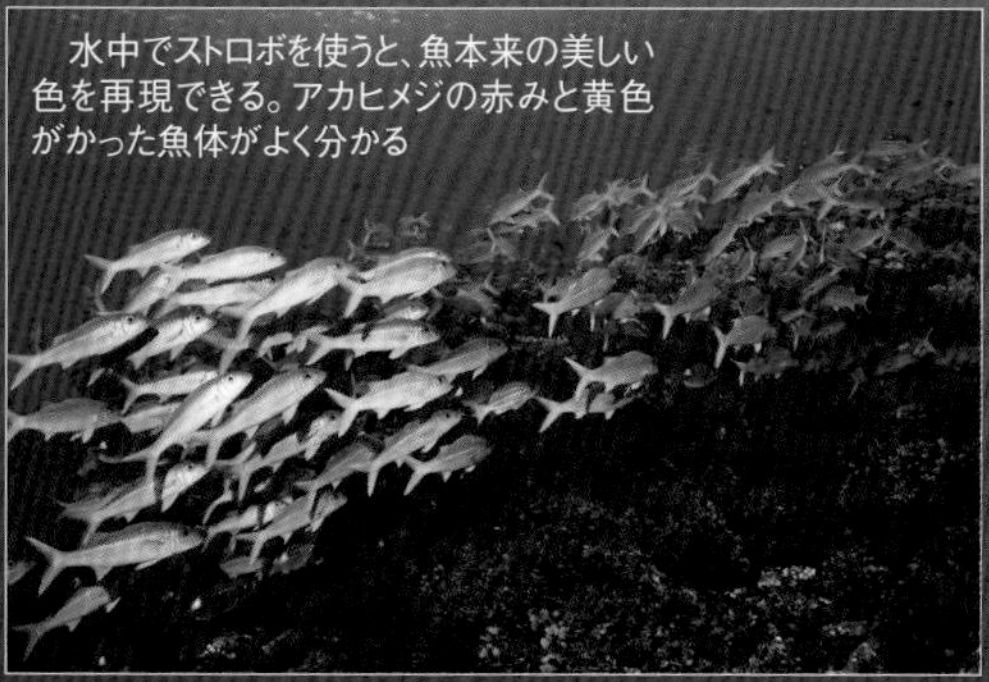

水中でストロボを使うと、魚本来の美しい色を再現できる。アカヒメジの赤みと黄色がかった魚体がよく分かる

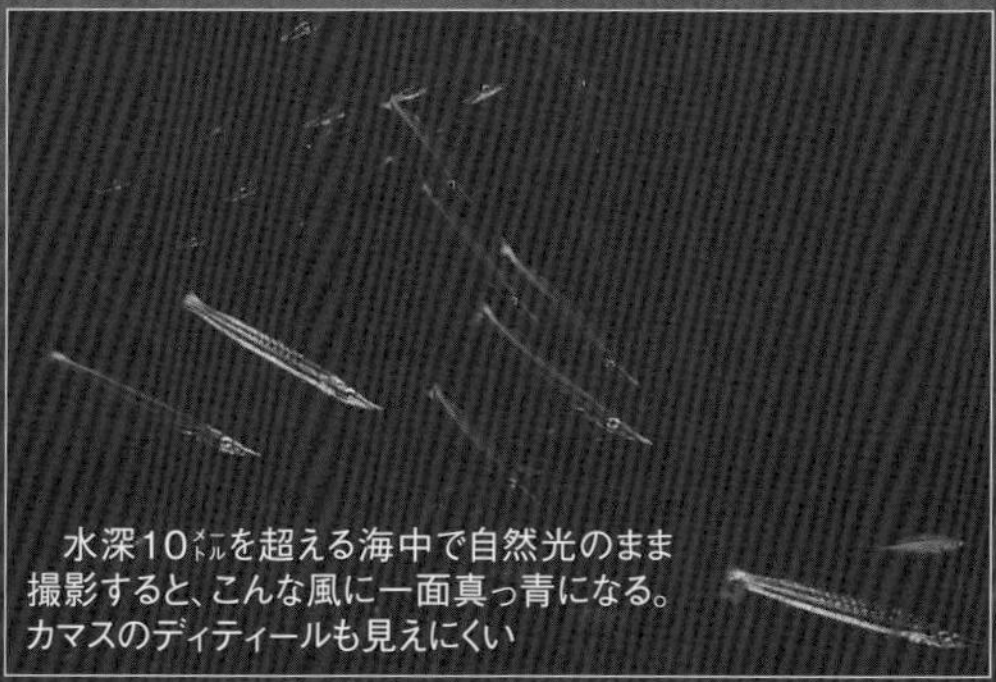

水深10メートルを超える海中で自然光のまま撮影すると、こんな風に一面真っ青になる。カマスのディティールも見えにくい

水中では水に光が吸収され色が消失していく。水深10メートルで光量は50パーセントほど減少するといわれるので、深くなるほど陸上とは見え方が違うのだ。おおよそだが水深5メートルを超えると赤色は消えていき、10メートルでオレンジが消えていくと思っている。黄色は意外に深くなっても消えない。

基本的には青いフィルターがかかったような世界になり、まず一番先にくすんでくるのが赤で、深くなっても割と視認できるのが黄色なのだ。海水では波長の長い青色は吸収されにくく残り、波長の短い赤色は吸収されて消失していってしまうからだ。

深くなると、水の青と黒っぽい色だけになったり。さらに深くなれば白黒の世界になっていく。

例えば、水深15メートルも潜れば赤いオモリは黒っぽく見える。ただ、奇妙なのは、魚の血は緑色に見える。もちろん陸上では赤色なのだが、何とも不思議だ。昔見た怪獣映画・ガメラの血が緑色だったのを思い出してしまうのだ。

色の再現のため ストロボを使う

水中撮影では色を再現するために

夕暮れの海中でストロボを一閃すると、マダイ本来の赤いきれいな魚体が浮かび上がった

オレンジ系のフィルターをかますと、本来の赤系の色が見えてくる

自然光で撮影するとこんな感じ。やはり青っぽい写真になる

ストロボを常用する。暗さをカバーする意味もあるが、主目的は色の再現のためといってよい。

見たままの雰囲気を撮るためにノーストロボで撮ることもある。ただし、総じて青一色の写真になってしまう。このときオレンジ系のフィルターをかけると幾分色味が戻ってくる。

ちなみに水中は陸上と光の屈折率が違って魚などは実際の１・３３倍ほど大きく見える。空気をためたマスクごしに魚を見ると実際よりも大きく見えているのだ。ロクマルのチヌか！　と思ってもそうではないこともあるのだ。

余談になるが、夜間の海は漆黒の世界。だが、満月の夜には、浅い海中なら目を慣らすと海底地形の判別ができるくらいは見える。恐る恐るだがアオリイカになった気分で泳ぐことも可能だ。新月のときはもちろん、ライトがなければ何も見えない。ナイトダイビングでライトが切れたことがあって、月夜なので何とか戻ってくることができたが、けっこう恐い思いをしたので、それ以来夜は予備のライトも必ず用意して潜っている。

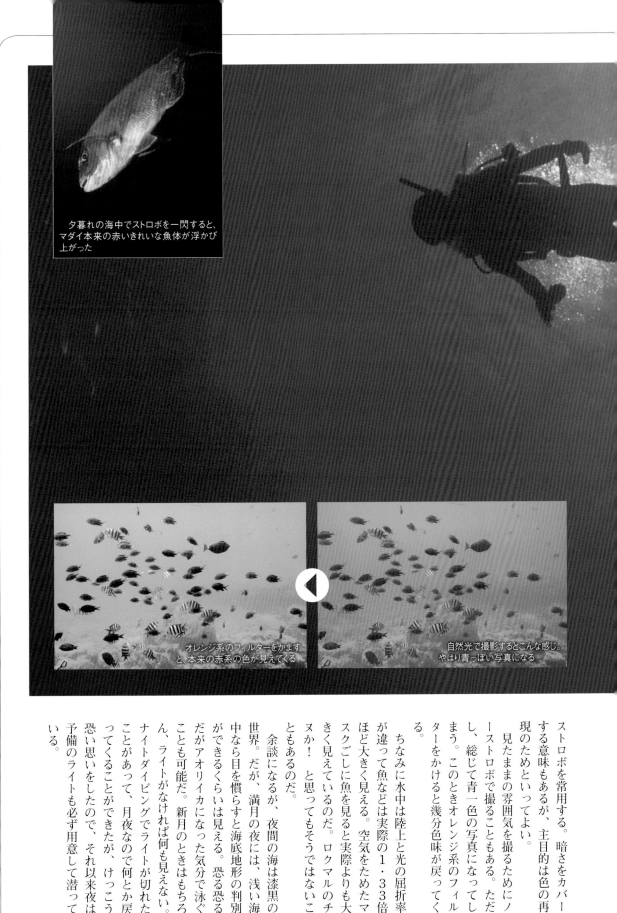

アユ

ナワバリで追いつ追われつ

アユって？

アユは日本の代表的な清流魚。川底の石に付くコケを食べるのでコケがよく付く石は、アユの大切な食生活の場。だから、よい石があると、ここはオレのナワバリだぞ！といわんばかりに石を守る。その習性を利用したのが友釣りだ。

アユは自分の食生活の場である石を守るため侵入者を許さない

良質なコケが付く石には追いのきつい元気なアユが付く。他者がきてコケを食おうとすれば追い払う

北海道から九州まで全国の河川などに分布する。清流の女王と呼ばれるほど清楚で気品のある川魚。一年で一生を終える年魚で、小アユが春に海から遡上して川で成長。秋には産卵のため再び川を下る。

石に付いたコケをはむ野アユ。陸上から見ればキラッと光って見えることもある

透明度が高い三重県銚子川。石を守るアユの守備範囲も広い。3㍍向こうからすっ飛んでくることもある

元々このナワバリのヌシだったアユがオトリなので、侵入者への反骨心はすさまじい。掛かる直前のシーン

川の中では絶えず熾烈なナワバリ争いが行われている

アユは川底の石に付くコケを食べて生きている。コケがよく付く石は、アユの大切な食生活の場。だから、よい石があると、ここはオレのナワバリだぞ！ といわんばかりに石を守る。接近するアユがいれば必死で追い払う。

水中で見ると、アユたちの興味深い行動が分かる。日がよく当たるめぼしい石には、たいてい生きのいいアユが付いている。中小の石が多い川だと、アユは複数の石をナワバリにしてパトロールしていたりする。そこへ迷い込んでくる他のアユたち。彼らもよりよい食生活の場を求めて、必死で模索中なのだ。

相手の尻ビレ付近を狙って攻撃しあう

そしてナワバリを持ったアユと迷い込んだアユが出合う。たがいに相手の尻ビレ付近を狙って攻撃しあう。2尾が尻ビレを狙いあってクルクルと回り出すことさえある。追いつ追われつ、そんな光景が展開される。

そんなナワバリにオトリアユ（友

お互いの尻ビレ付近を狙って追い合う。クルクルと回るように争う

活性の高い追いのきつい野アユだとオトリからかなり離れていてもナワバリを守るためにかっ飛んでくる

透明度の高い河川では広いナワバリを守る強いアユがいる

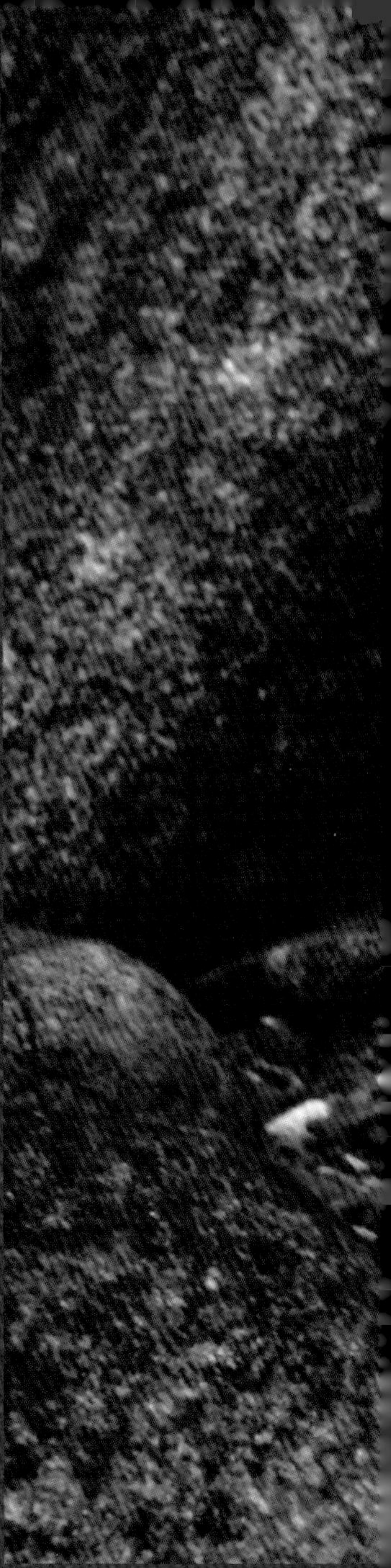

釣り用の仕掛けを装着したアユ）が入るとどうなるのか。そこからが友釣りのメカニズム。ナワバリを持ったアユはオトリアユを追い払いにかかる。それに反応してオトリアユが反撃にでると、ハリ掛かり。しかし、オトリアユが弱々しく泳いでいるだけならばニアミスの連続で、ハリにはなかなか掛からない。

　水中で友釣りシーンを観察していえると、ナワバリアユとオトリアユとのニアミスは数えきれないほどある。オトリアユの前や横を通過したり、上を通過したり、ニアミスのパターンもいろいろだ。当然のことではあるが、掛かるという結果に至るには、オトリアユに付けられている掛けバリにナワバリアユが触れなければいけない…。

　川中にはナワバリアユや他にも多くのアユがいて、オトリアユとのチエイスは少なくとも1分間に1回以上はある。ナワバリアユを見つけてオトリアユを入れているから当然といえば当然なのだが、その多くはナワバリアユからの攻撃だった。しかし、撮影後、オトリアユを操作していた釣り人にこの話をすると、それほど多くのチェイスがあったとは、思っていなかったという。

アユ

追い星が真っ黄色。やる気満々のナワバリアユが掛かった

水中糸を緩め〝オバセ〟を作ってアユをコントロール

友釣りはアユがナワバリを持って、それを守るため他魚を追い払うという習性を利用した釣り。追い払うときにオトリアユに装着した掛けバリがナワバリを持つアユに触れて掛かるという仕組み。アユは闘う魚だ。オトリアユが挑発し、野アユが怒り、またオトリアユが逆ギレする。そんなシーンが水中で展開されるからこそ友釣りが成り立つ。

アユは引かれると、その逆の方向に泳ぐのでこれを利用してアユの泳ぎをコントロールしていく。水中糸が水の流れを受け抵抗状態になると、それを嫌って上流へと泳ぐ。抵抗が大きいほど速く泳ぐし、抵抗が小さいとゆっくり泳ぐ。

引き釣り、引き釣り泳がせ、泳がせ釣りという3つの釣り方

友釣りの釣り方には大きく分けると、泳がせ釣り、引き釣り、引き釣り泳がせがある。

引き釣りは比較的流れの速い川で行われる。釣り場に立ったらオトリを下流まで引いて誘導して竿を寝かせてオトリを沈める。そうして竿を立てないでゆっくりと上流に引き上げていくというもの。強く引きすぎるとオトリが弱るので静かに慎重に引くことが大事だ。

引き釣り泳がせも流れの速いポイントでよく行われる。アユが付いている狙いの川筋を水中糸の張り加減で上流に泳がせるという釣り方。

オトリを引かないよう水中糸を張って、張っていた水中糸を少し緩めることで〝オバセ〟を作る。アユは天邪鬼《あまのじゃく》なのでオバセを嫌って上流に泳ぐ。オバセをなくせばアユは止まる。

泳がせ釣りは流れの緩いポイントで行われる。元気なオトリがあるときトロ場やチャラ瀬を狙ってみるとよい。オトリを入れると泳ぎ出すので、ポイントが存在すると思われる川筋に行ったら水中糸を緩める。すると上流へ泳ぎ出す。オバセを一定にしておくとずっと上流へ泳いでいく。掛からない場合は下流へ引き戻しもう一度泳がせるという釣り方。

このように、ポイントや流れのあるなしで釣り方を考慮しつつ、ナワバリアユのいるポイントを狙い撃ちにしていく。

アユ・友釣りタックル

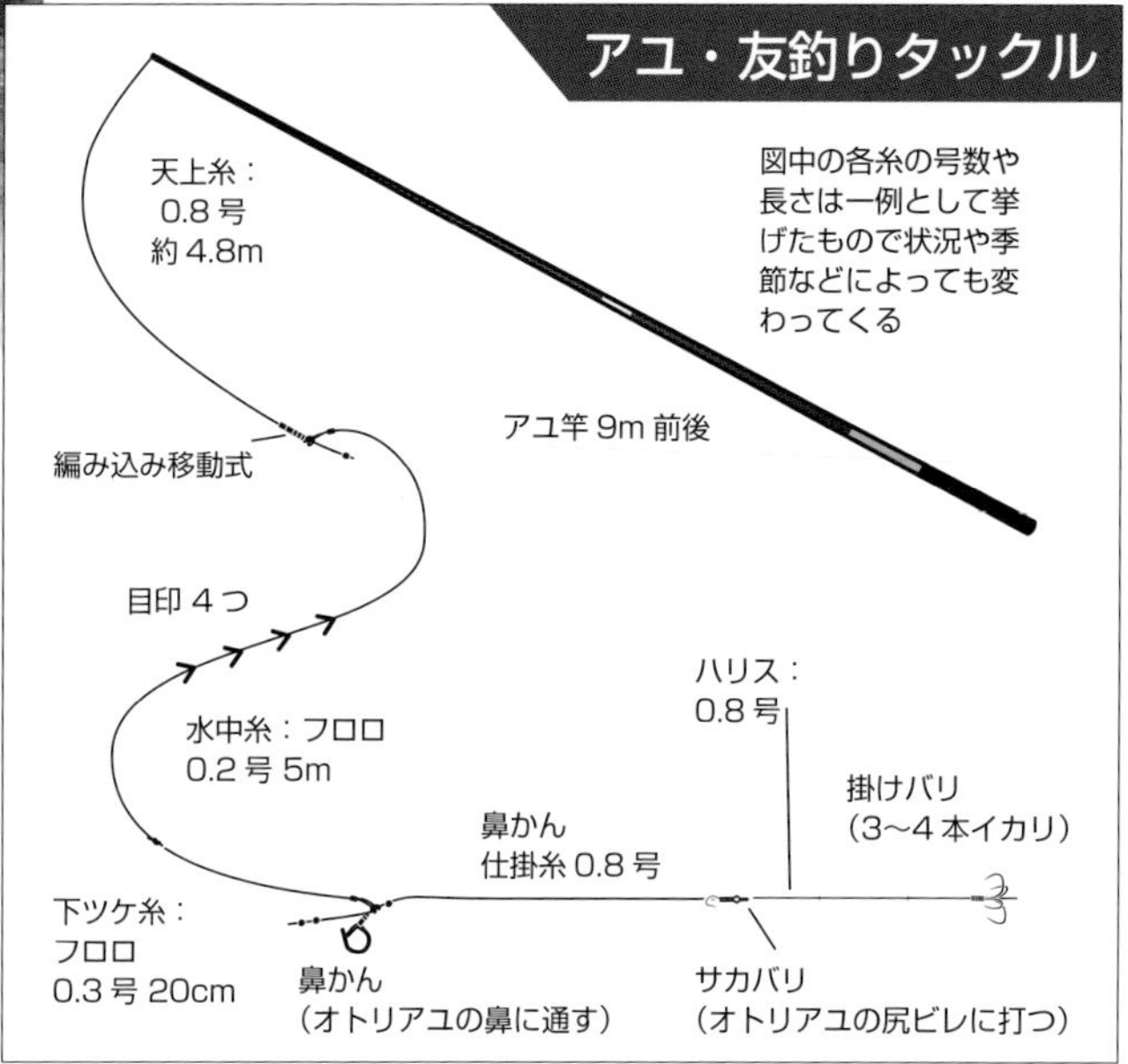

オバセを作ってアユをコントロールしていく楽しさがアユ釣りにはある

元気なオトリアユを泳がせるとガツンとナワバリアユが掛かってきた

友釣り仕掛けは複雑なので市販の仕掛けを有効活用する手もある

チャラ瀬を泳がせ釣りで攻略していく

キス

砂底で遊ぶキスとその仲間たち

水深15メートルほどの海底に群れるキス。目の前をスッと泳いではまた帰ってくるという感じで、一帯に居着いていた

TARGET PROFILE

北海道南部から九州にかけて広く分布。砂地を好み、ゴカイ類や甲殻類を補食する。近似種としてアオギス、ホシギス、モトギスが日本には生息している。

キスって?

水温が上がると接岸し、夏～秋にはビーチの波打ち際でもよく釣れる。大きくても30センチを超える魚体なのに、アタリが大きくよく引くので“小さな大物”とも呼ばれる。水温が下がるとやや深い場所へと落ちる。

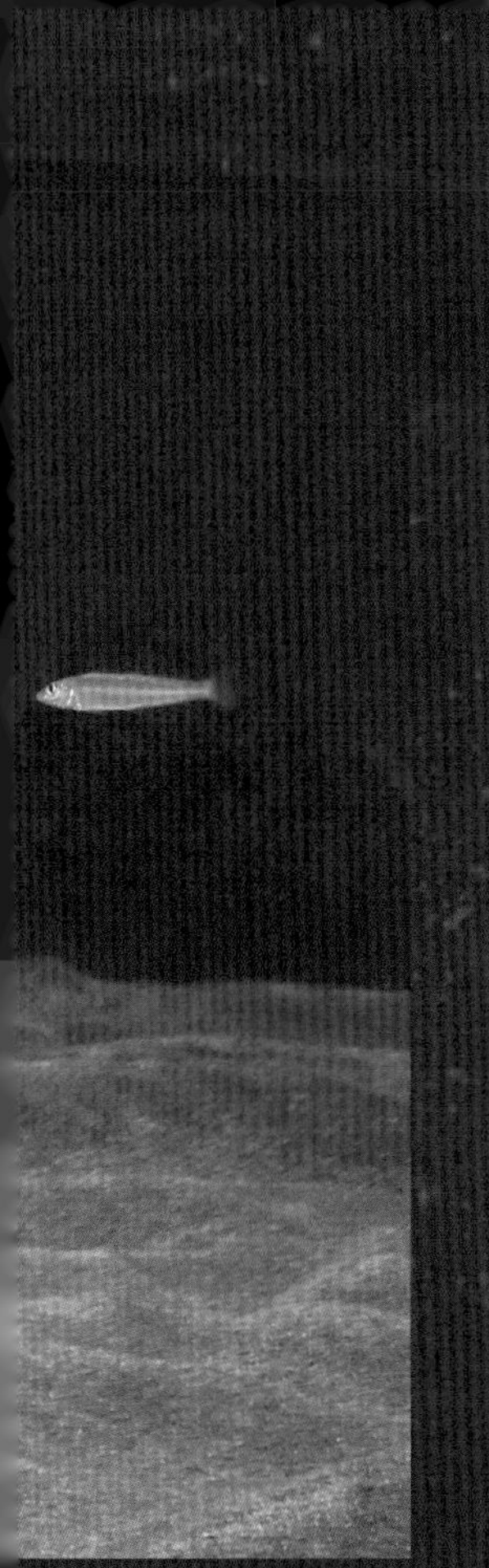

群れのうちの1尾が撒いたオキアミを食いにきた。キスはオキアミも好物なのだ

ウシノシタは少し沖側にある砂利底で海底へ舞い降りた

騒ぎにつられたのかウシノシタがゆらゆらと目の前を追加した

スッと泳いでは少し移動していたキスの群れが、オキアミで足止め。投げ釣りで虫エサを投入したときも多分こんな感じになっているのだろう

50尾ほどで群れ海底を行ったり来たり

キスは水温が高くなる夏場には海水浴場などの浅い場所にもやってきて、波打ち際でも見かけることができる。しかし意外に警戒心が強く、潜って見たりするとすぐに散っていなくなることが多い。

ただし、少し深い場所にいるときは、まとまった群れでいてダイバーが近付いても逃げない。

堤防沖に広がる水深15㍍ほどの砂底でそんなキスの群れを発見した。推定の数は50尾くらいだろうか。だいたいこれくらいの数で群れを作り、それがあちこちに点在する。そんなイメージで考えるといいかもしれない。群れは行ったり来たりしながらを繰り返していたが、オキアミを撒いてみると、その足が止まった。

まずキスが食って他魚が横取り

群れの密度がギュッと狭くなり、オキアミを気にしているのがよく分かる。そのうち1尾が食うとみんなが食いだした。

この騒ぎを遠くから見ていたのは堤防の住人のイシダイ。さらにウマヅラハギやキュウセンも加わって砂底でのオキアミパーティーがはじまった。その後、キスたちは少し遠慮気味にその場を離れ、海底から少し上で浮遊。休憩時間を楽しんでいるかのようだった。

オキアミを撒くとキスだけでなく、近くの堤防のテトラに潜んでいたのだろうか、イシダイもやってきた。さらにウマヅラハギやキュウセンも登場

雌雄なのかは分からないがコロダイが2尾一緒にじっとしているのを見かけることがよくある

コロダイって?

磯やその周辺でよく見かけるのがコロダイ。磯釣りでは上物釣り、底物釣りともに掛かってくる。単独行動していることは少なく、たいてい2尾以上でいることが多い。大型になると引きが強いので釣っても楽しい好敵手だ。

大型のコロダイが数尾。ゆったり泳ぐ姿は迫力がある

こちらはコロダイの幼魚。親とは似ても似つかない形態だ

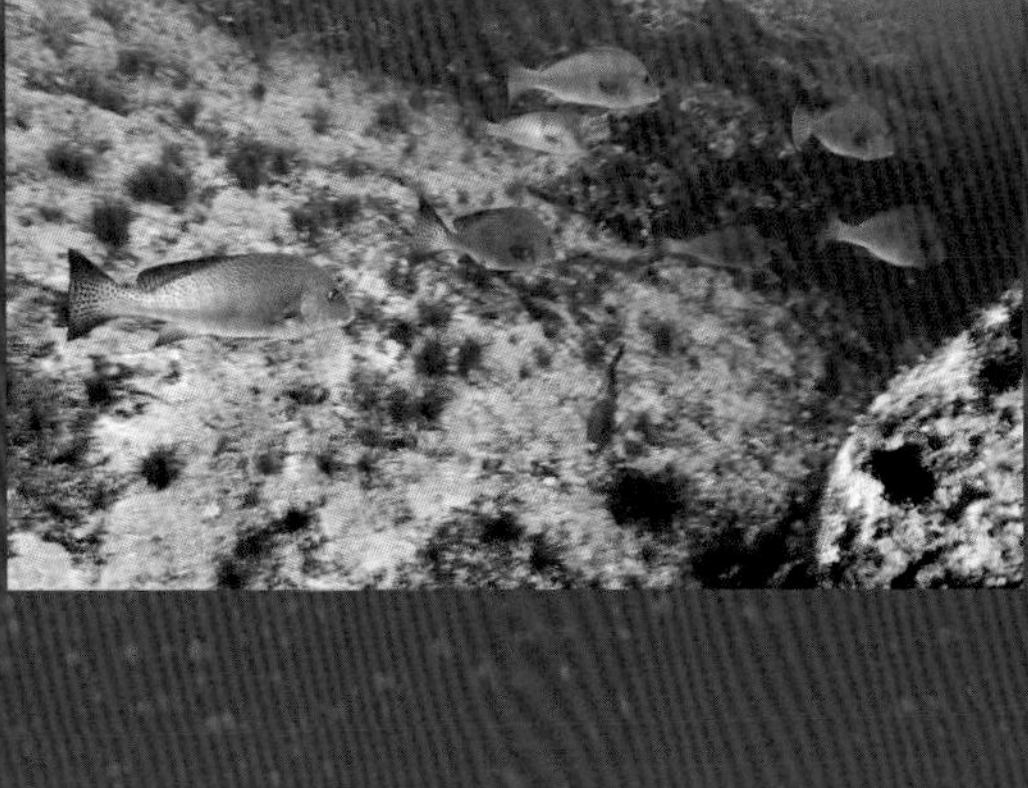

岩礁帯に沿ってゆっくり回遊していく。いつも同じ場所で見かけるので定着性はかなり強そうだ

エサを探しているのだろうか、岩と岩との溝をチェックするように泳ぐ

コロダイ

ライオンのように少数精鋭で行動

TARGET PROFILE　本州中部以南に生息するやや南方系の魚。沿岸の岩礁域やその周辺の砂泥底を好む。黄橙色の斑点が体全体に散在するのが特徴。甲殻類やゴカイ類、小魚などを補食する。さまざまな料理で美味。

群れをなしてやってくるシーンは迫力満点

コロダイは磯やその周辺の砂底に潜っているとよく見かける。根城は岩礁帯だが砂底地帯にもよく出没するのだ。青灰色の体色に小さな黄橙色の斑点が宝石のように散りばめられた美しい魚体は、水中でも目を惹かれる存在だ。

ちなみに和歌山県の南紀辺りだと、コロダイが好んで生息する岩礁帯にはスジアラも多く。同じスペースでにらみ合うという場面に遭遇したりもする。

コロダイと出合うときは、単独、2尾一緒、数尾〜10尾ほどの群れのどれかだ。大規模な群れに出合ったことはないが、大型コロダイたちが群れをなしてやってくるシーンは迫力満点。大きくなると70〜80㌢にもなり、パワフルで引きの強いターゲットというのが実感できる。

また、よく見かけるのがメインの写真のように2尾一緒にじっとしているパターン。これは夫婦なのか、何で一緒にいるのかよく分からないが、不思議だ。他によく2尾一緒にいる魚は…と考えてみてもあまり思いつかない。

キス

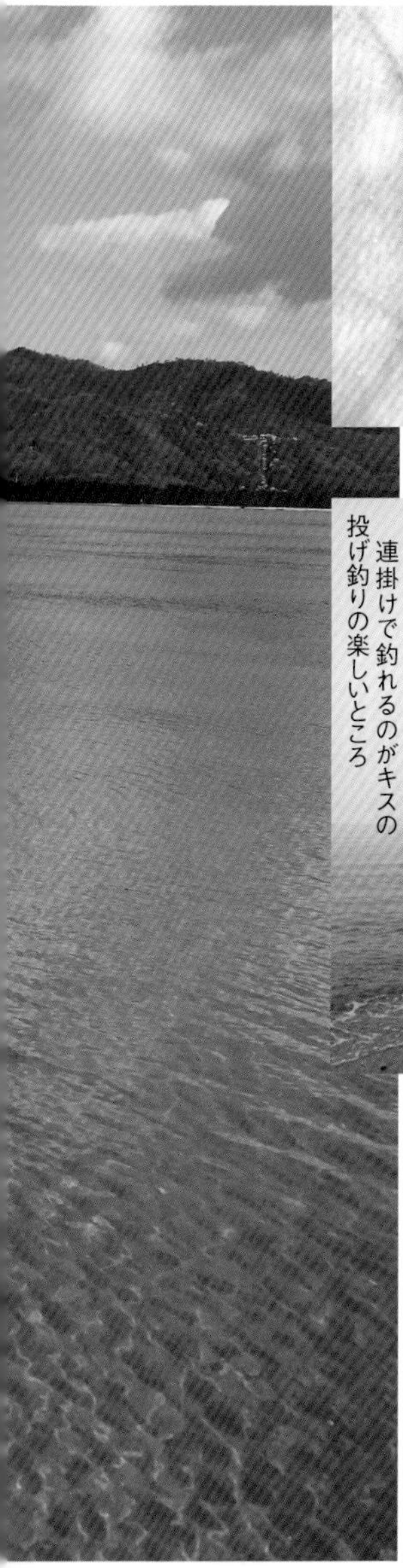

エサのイシゴカイは小さく切ってハリに刺す

連掛けで釣れるのがキスの投げ釣りの楽しいところ

波打ち際に姿を見せた美しいパールピンクのキス。ブルルルッというアタリが心地よいのだ

爽快に投げて気持ちよいアタリを味わう

投げ釣りは広くてきれいな砂浜で思い切りキャストするのが醍醐味だが、夏〜秋にかけてなら、それほど投げなくてもちょい投げ感覚でも十分に楽しめる。また身近な堤防や漁港も狙い目だ。

本格的な投げ竿を使わずとも、3・6メートル前後のライトな振出投げ竿や3メートルくらいのシーバスロッドでOK。リールは3000〜4000番を組み合わせる。ラインはナイロン2号かPEラインもおすすめ。PEラインは0・8〜1号で力糸はPEの場合は3号を6メートルくらい、ナイロンなら5号を同程度結んでおく。オモリはL型固定式テンビンの10〜15号を使用。仕掛けは市販の3本バリのもの。ハリは6号程度をセレクトしよう。

エサはイシゴカイを500円ほど購入しておけばよく、コスト面でもお手軽だ。夏場などは短く切ってつけるが食いが渋いときなどは1匹を大きめにつけることが多い。

仕掛けを投げオモリが着底すればさびくように引いてくる。状況によってさびくスピードを変えてみることも大事。引いてくると重たくなったところはかけ上がりなので、そんなところでは少しステイさせて待つようにする。

竿先を戻すときに当たることが多い

キス釣りは竿を動かさずリールを巻いて仕掛けを引く方法もあるが、それだとどれだけ動いているのかが分かりにくい。竿サビキと呼ばれる方法で引っ張るとよい。ゆっくり数10センチ動かして止めて…動かして止めて…という感じ。竿先を戻すときにけっこう当たることが多いので、ラフにリールを巻いて糸フケを取らずに、テンションを保って巻くようにするとよい。

仕掛けを巻いてくる速さはそのときの状況によるが、活性が低いときは5〜10秒置いておいた方がいいときもあるし、活性が高いときは早め

広々としたきれいな砂浜でキスのアタリを追い求める。
これ以上の至福があるだろうか

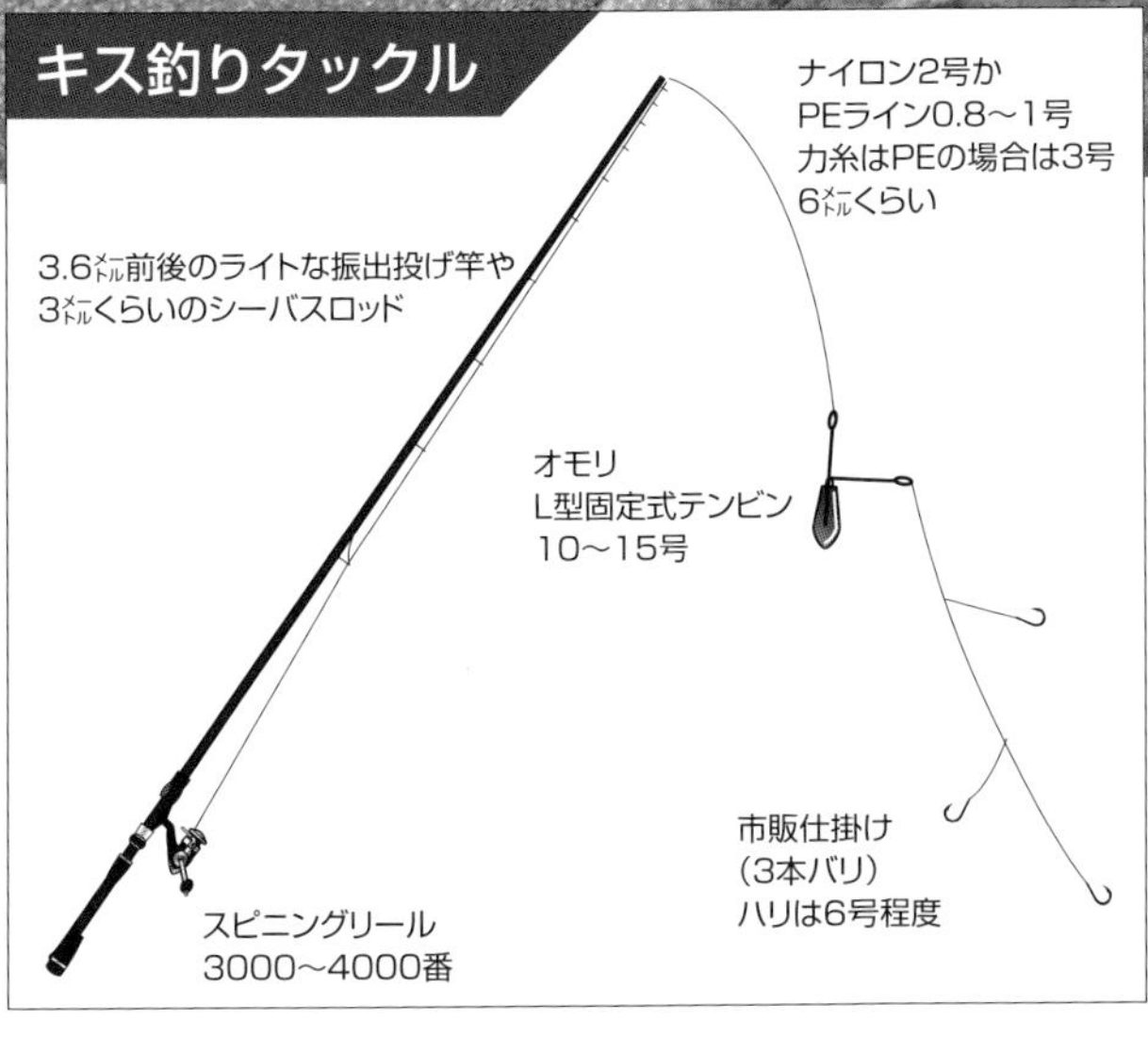

に引っ張っていてもドンドン当たってくる。

食いがいいときなら1メートル引っ張るのに2～3秒。食いが悪いときなら5秒くらいが目安だ。

キスが釣れたら、ポイント的には同じところにまだいることが多いので、その距離を把握するためにもラインは色分けされたものを使った方がいい。アタリがあったポイントを覚えておいて、次はその少し先へ投げて引っ張ってくるとよい。

水中コラム 2

潜水トラブル発生…エア切れや激流に翻弄されたり足の痙攣も

激流でマスクをもぎとられる!?

潮の流れが速いところには大型魚がいる。尾長グレ、ブリ、ヒラマサ、カンパチ、シマアジなどなど。マニアックなところではマンタ、ヒラアジ…。

しかし、流れが速いところに潜るのは大変。魚は流線型で流れの中でも水の抵抗をかわしながら優雅に泳げる。しかし、人はそうはいかない。流れを体でまともに受けて流される。ひどいときには10メートルほどの海底に着くのに100メートルも流されたり…。

鹿児島県徳之島のトンバラ岩へとアタックした。潮筋にでっかい尾長とか青物系、クチジロ（イシガキダイの老成魚）がいないかなと希望を持って。ガンガン流れる潮に少し恐怖感を覚えたが、潮裏から入って潮筋へと出る作戦にした。潮裏から一歩潮筋へ出ると、すさまじい流れ。海底につかまっていないとあっという間にどこかへ持っていかれそうな勢い。流れに対して正面を向いていないと、マスクがはがされる。横を向くと潮流ではがされてしまうのだ。海底を必死でつかみ匍匐《ほふく》前進を試みるべくしばらく大格闘したが、疲労困憊《こんぱい》。体力の限りと生命の危機を感じて退散した。本来は潮の流れに乗ってドリフトし最終的に船に回収してもらえばいいのだが、イタチザメが多いとのことでやめておいた。

水深30メートルで空気がなくなった

水中に潜るには、エアー（空気）の入ったタンク（ボンベ）を背負って、レギュレーターという器具を介し自分の口元までエアーを供給してもらう必要がある。そうして、例えば水深15メートルなら1時間から1時間半くらいの水中ステイが可能になる。

水深が深いほど水圧で空気が圧縮されるので滞在時間が短くなり、水深30メートルだと水深15メートルよりも長くはいられない。

エアーの消費量は肺活量や運動量によっても変わるが、慣れたダイバーほど長く持つ傾向にある。

落ち着いて静かに行動すれば、エアーの消費は少なくできるのだ。

エアー残りは残圧計によってチェックできる。タンクに空気が満タンなら150気圧ほどを示している。これが30気圧を切ったら浮上する心づもりをする。

水深30メートルほどの海底にメバル、グ

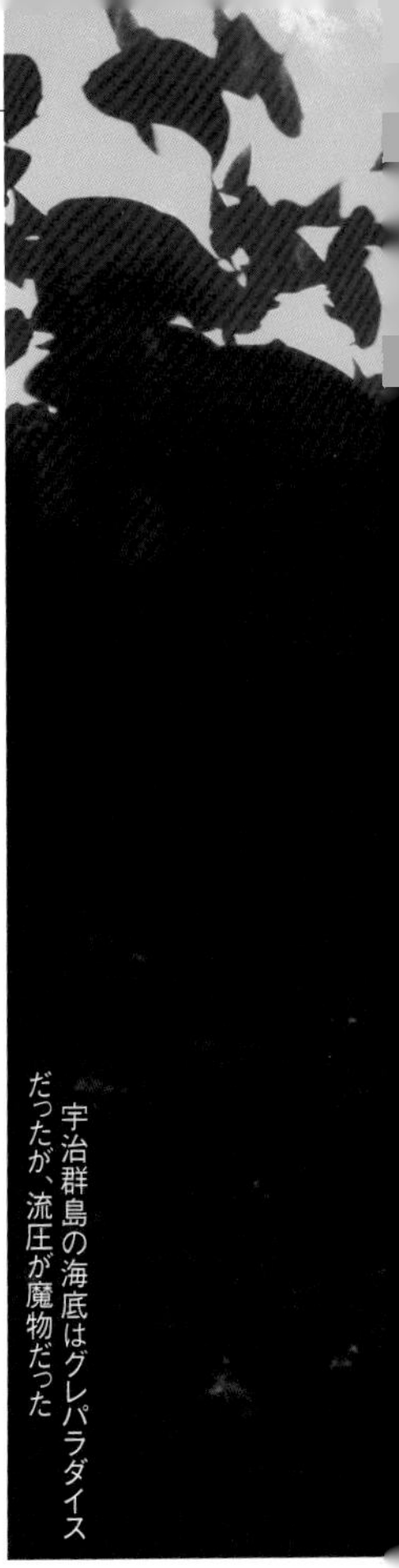
宇治群島の海底はグレパラダイスだったが、流圧が魔物だった

レなどがすみかにしている根があった。他にもいろいろな魚がいて、撮影に夢中になるポイントだった。
　その日もひとしきり撮影を行い、残圧が30気圧になっていた。そんなタイミングでマダイを見つけ、追いかけ追いかけシャッターを切っていた。
　気が付くとバディ（仲間）とはぐれ、残圧は0近くになっていた。「やばい」。次の瞬間、エアーを吸い込もうとするとカクンという抵抗があるだけで吸い込めない。非常に危ない状況だ。即座に浮上を開始。水深25メートルまでは素潜りで潜った経験があるのであせりはなかったがエアが吸えず苦しい。浮上すると水圧が低くなるので、タンク内の空気が少し膨張し、もう一呼吸くらいは吸えるようになるだろうと期待して海面を目指す。水深15メートルで試しに吸い込んでみると、二呼吸ほど吸い込めた。こうして何とか海面まで浮上することができた。
　以降、撮影に夢中になりすぎず、残圧はしつこいくらいにチェックするようになった。

海中でけいれんし身動き不能

　グレやイシダイの姿を追って、海中を遊泳していたときのこと。フィンを蹴る右足が突然けいれん。「痛たっ」とふくらはぎを押さえる。痛みは治まらず体はそのまま底へゆっくり沈下。お尻から着底し、しばらく海底でうずくまってしまった。けいれんは収まらず、足を動かせない。「このままここで…息絶えるのか」と落ち込む。

　このときはチヌに警戒されないよう1人で潜っていたため、助けてくれる人もいない。

　こういうときは慌てるのは禁物ということだけは分かっていたので、とにかくパニックにならないよう、痛みがましになるのをじっと待った。パニックになればエアーの消費量も増え、最終的にはエアー切れになってしまうからだ。

　けいれんした足はそのままだが、「そうだ手がある」と意を決して海底の岩をつかみながら匍匐前進。20分ほどかけて磯を伝って岸へと上がることができた

流れの圧力でカメラが水没

　鹿児島県宇治群島に潜ったときのこと。名礁といわれる磯に船を近付け、ダイブ。かなりの流れを受けながら底を目指し、潮の影になる岩の裏側へ何とか入り込んだ。ただし、強い潮流を半身に受けているのでカメラには流圧がかかっていた。その当時は、今のようなデジタルカメラはなく、フィルムカメラを使用。そのためカメラ1台持って入ると1回の潜水で36枚しか撮れない。2台3台持って入ると身動きがとりにくくなるし、流れのある場所では危険でもある。デジカメなら１０００カットでも２０００カットでもＯＫなので、まさに技術の進歩というか、隔世の感がある。

　流れに耐えつつファインダーを覗くと、あれれ…。シャッターが下りない。目の前にはグレたちが乱舞しているというのに。

　即座に浮上し船に戻り、カメラをチェックすると、中に水が…。水深１５０メートルの水圧にも耐えられるはずなのに流圧に負けたのかと悲しくなった。

鹿児島県徳之島にある名礁トンバラ。ごうごうと行く流れに大物を期待して、この目の前にダイブした

トンバラの海底。強い流れに耐えながら海底をつかんで潮筋を見続けるも、体力が続かず…

海底洞窟周辺をすみかにするイシダイ。ただいまエサを求めて回遊の最中

イシダイって?

水深50メートルほどまでの岩礁域にすみ、強い締め込みで釣り人を魅了。60センチ以上を大判と呼び一度は釣ってみたいサイズ。近似種のイシガキダイはやや南方系で大型は釣り人の憧れ。

イシダイ

隠れ家から回遊というルーティン

ここが寝床。銀ワサと呼ばれる雄のイシダイが待機し周辺をうろうろしていた

岩穴に居着いていたこちらは雌のイシダイ。ひとつのすみかに数尾のイシダイがいることもある

30㌢ほどまでの小型魚は群れで行動することも多い

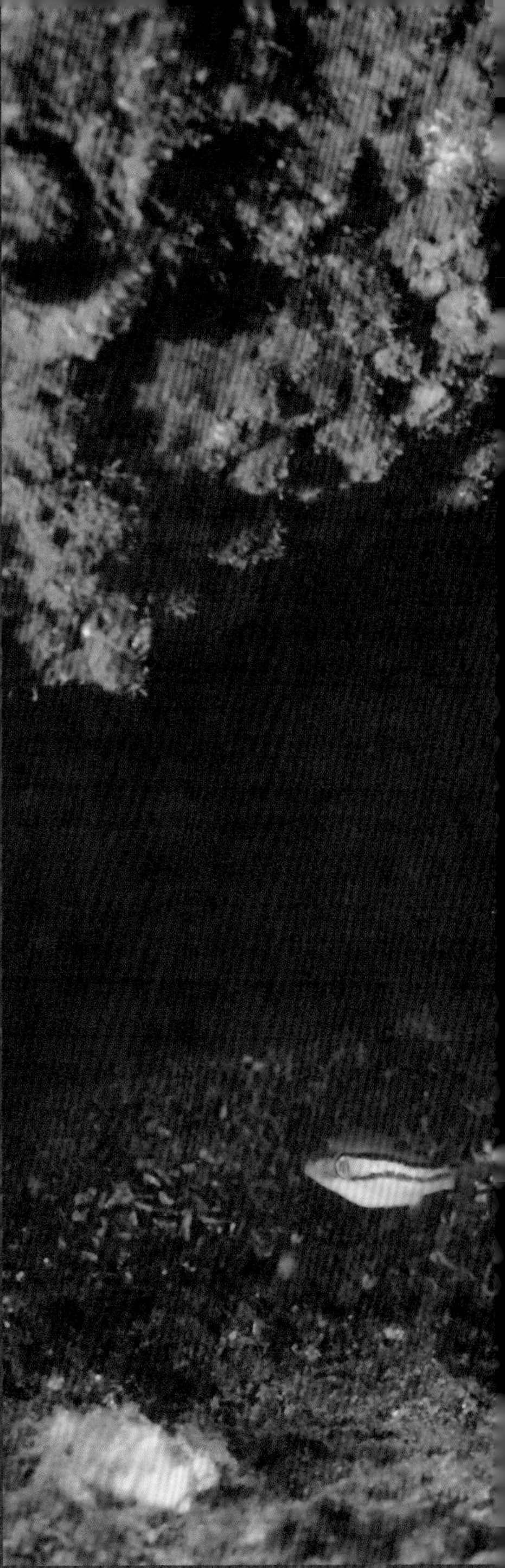

TARGET PROFILE

小笠原諸島を除く日本各地に広く生息。縞模様が特徴的な魚。メスは成長しても縞模様は消えないが、オスは消えて口が黒くなるのでクチグロとも呼ばれる。ちなみにイシガキダイは本州中部以南に生息。成長したオスは模様が消え口が白くなるのでクチジロと呼ばれている。

現れては消えを繰り返す。ルートが決まっているのは間違いない

一定のルートを回遊してくる大型イシダイ

ときには2尾、3尾と大型イシダイが連続で回遊してくることもある

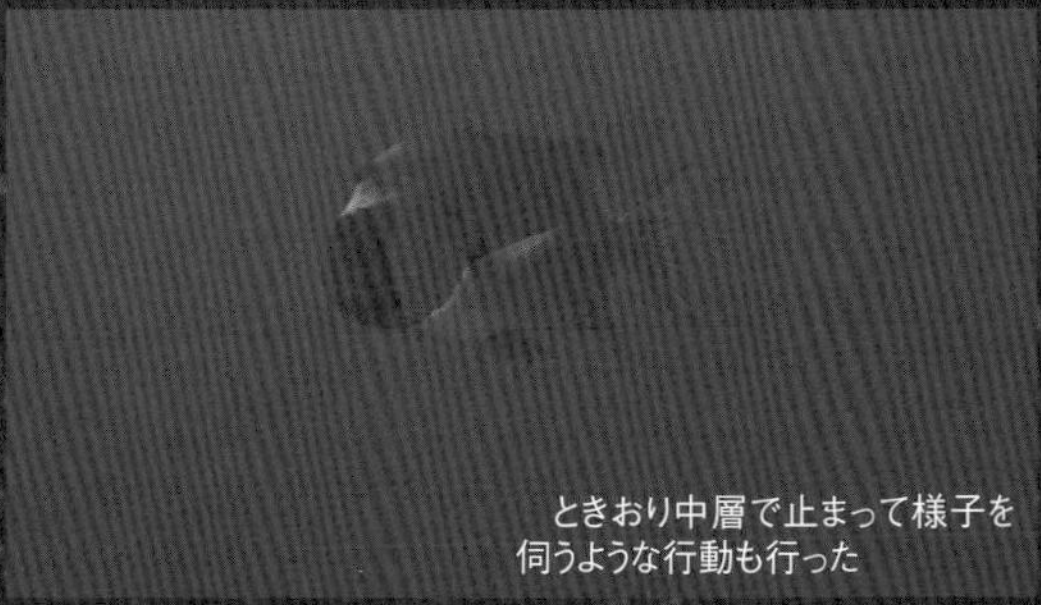

ときおり中層で止まって様子を伺うような行動も行った

水深40メートル近いポイントで発見したクチジロ。かなり大きそうだったが非常に警戒心が強くさらに深い海へと消えていった

大きくなるほど警戒心が強くなってくる

イシダイは好奇心が旺盛な魚だ。警戒心の強いチヌと比べても雲泥の差だと思う。こちらからじっくり近付いていかなくても、イシダイ自から近寄ってくることもあるくらいだ。ところが好奇心が旺盛なのも50センチ台の大きさまでだろう。大型になると、老獪さが増しなかなか近付けないし、警戒心も強くなると思われる。

水中で遠くに大型イシダイが見えているのに、一定の距離以上は近寄らせず、あまりしつこく追い回すと、そのうち根の中などに隠れてしまう。特に70センチを超えるクチジロなどは非常に警戒しているのが遠目でも分かるほど。どんなに息を潜め殺気を殺して近付こうとしても絶対に接近させてくれない。

一定ルートを回遊するのを確認

イシダイが付く根に潜ってみると、潮が緩い間は休んでいる感じで、根の周辺でうろうろしているだけだった。しかしながら、潮が動き出すと、行動を開始した。

どこへ行くのか。しばらく観察し

エサ取りのチョウチョウウオがエサに
アタックするのを横目で見ながら…

頭を下に向けてついばむようにエサに突撃した

がぶりと好物のヤドカリに食いつくが、
一気にはのみこまず、砕いてハフハフ

いったい何しにきたんだといぶかしげに注視された

ていると、イシダイが現れては消えるのを確認。根から根へ悠然と泳いでいるが、エサでも探しているのだろうか、一定のルートを回って帰ってきているのは明らかだった。このことから潮が動けばイシダイたちはエサを求めて一定のルート回遊するのがルーティンではないかと思ったのだった。

　このときに就餌シーンを撮影しようと、岩穴に潜んでいたイシダイの前にヤドカリを置いてみた。すると、かなりお腹が空いていたのだろう。カメラの目の前ですぐにそれを食いだした。吸っては吐いて、噛んでしがんでハフハフしながらのお食事タイム。一気にのみ込むことはなかったがあっという間に食べきった。

　話は変わって、よく潜りの漁師さんに聞くのは、「どこどこの根にはいっぱいイシダイがいる」という話。そこに行けば確かにイシダイはいる。また、イシダイが釣れる名礁という場所に何度か潜ったことがあるが、竿下のポイントやその周りでイシダイを見かけることは不思議にあまりなかった。「イシダイのすみかと食う場所は違うんですよ」という釣り人もいて、やはりそうなのかと納得したものだ。

TARGET PROFILE

日本各地（琉球列島を除く）に生息。関西ではツバス、ハマチ、メジロ、ブリ。関東ではワカシ、イナダ、ワラサ、ブリと大きくなるにつれて呼び名が変わる出世魚。春から夏に列島沿岸を北上し秋から冬に南下する回遊魚。

ブリ

獲物へ突っ込む弾丸ライナー

ブリって?

適水温は15～18度でジギングなどの好対象魚として人気がある。アジなどの小魚を捕食するフィッシュイーター。メーターオーバーの感触を味わうと病みつきになってしまう。ヒラマサとは、上顎後ろ隅の角が見分ける。口の後端上隅がヒラマサでは丸いがブリは角ばる。

海面へ小魚を追い立てるのはブリ（メジロ）たちの常套手段

狩りの成功率は見ているとそれほどは高くない。空振りもけっこう多い

小魚が集まるポイントにしばしば姿を見せる

突如として姿を現すのが青物たちだ。青物の中でもブリ（ハマチ、メジロ、ワラサなども含む）は最もポピュラーな魚だ。

彼らは魚を食う魚、いわゆるフィッシュイーターなので狙いはアジ、サバ、イワシなどの小魚。だから、小魚が集まるポイントに潜っているとしばしば姿を見せる。潮が止まっていたり、緩いときには小魚たちも浅めのシモリの近くなどで群れていることが多いのだが、潮が流れだし、大きなシモリの壁などに潮が当たって潮目ができてくるとプランクトンなどが集まるのか、小魚たちはその潮目へ集結する。

潮が流れ出すと大挙してやってきたブリの群れ。こんな圧巻のシーンが海中で繰り広げられている

捕食行動を行うときは、瞬時に加速し目にも止まらぬ速さで突進

こんなアジの群れがいれば、そのうち青物たちがやってくる

そんな場所で、じっと待っていると、突然青物たちがやってくる。小魚を水面へ追いやるようにチェイスしては捕食を繰り返す。その動きは弾丸ライナー。群れが突っ込んで体当たりされた小魚がヒラヒラを落ちるような動きをすると、瞬間的に増幅スイッチが入るのだろう、水面を飛び出さんばかりにアタックしていく。

ギンギラギンで筋骨隆々の魚たちが目にも止まらないスピードでそれを繰り返すから圧巻だ。

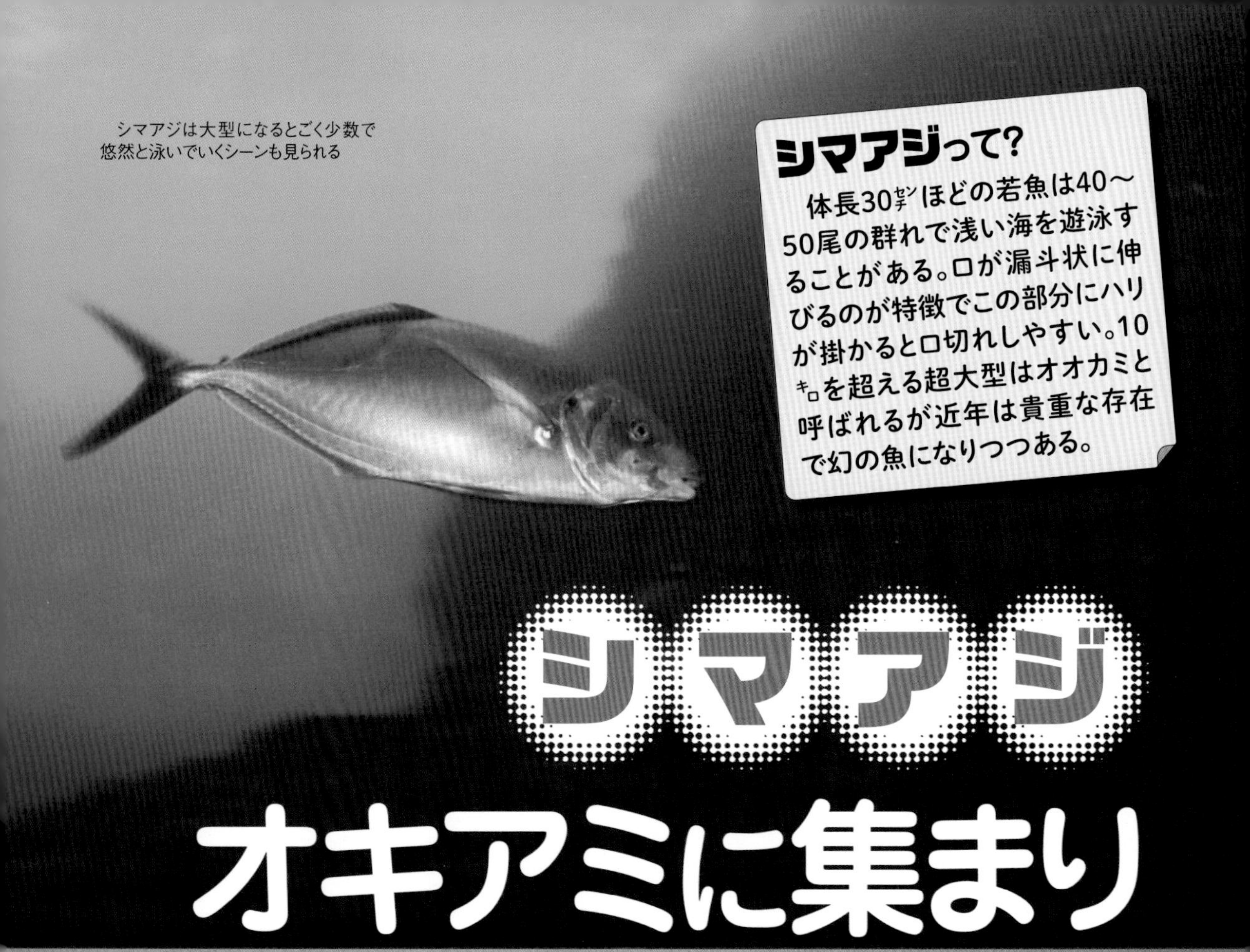

シマアジは大型になるとごく少数で悠然と泳いでいくシーンも見られる

シマアジって?

体長30センチほどの若魚は40〜50尾の群れで浅い海を遊泳することがある。口が漏斗状に伸びるのが特徴でこの部分にハリが掛かると口切れしやすい。10キロを超える超大型はオオカミと呼ばれるが近年は貴重な存在で幻の魚になりつつある。

シマアジ

オキアミに集まり吸い込むように捕食

TARGET PROFILE

岩手県以南の全国各地に生息。岩礁域やその周辺の砂泥底を群れで泳ぐ。小魚や甲殻類を好む。背部は銀青色、腹部は銀白色をしている。若魚は目から尾にかけての体側に黄色い帯があるが、成魚になると少しずつ薄くなる。

通常シマアジは何尾かで群れを形成して回遊を行っている

マキエのオキアミに乱舞するシマアジたち。食えば食うほど活性がアップ

マキエで活発化していき大集結状態になった

水中でよく見かけるシマアジといえば30～50チセンくらいのサイズが多く、たいてい10尾以上の群れをなしている。最も感動的だったのは、磯の上からオキアミを撒いてもらっているとき、60チセンくらいのシマアジの集団に囲まれたこと。

同じ小魚を追う魚であるブリなどもそうだが、シマアジはオキアミが好き。このときはガンガン潮が通る磯に潜っての撮影。マキエを撒けば尾長グレが集まってくるのではと期待していた。

ところが、やってきたのはシマアジで目の前を行ったり来たりし、流れてくるマキエのオキアミを食いまくる。シマアジは口が漏斗状になっていて、その口先を伸ばすようにしてスッと吸い込んでいく。でっかいシマアジがオキアミに乱舞する姿はまさに圧巻だった。

シマアジたちはマキエが途切れても去っていくことはなく、磯の周りで待機。再びマキエが入るとまた乱舞。そうして時間がたつうちに遠くにはさらに大きいシマアジが現れて、垂涎のシーンが展開されたのだった。

遠目に見えるのもシマアジだがかなりでかそうだった

どどどっと通り過ぎたが、オキアミを食いにすぐ戻ってきた

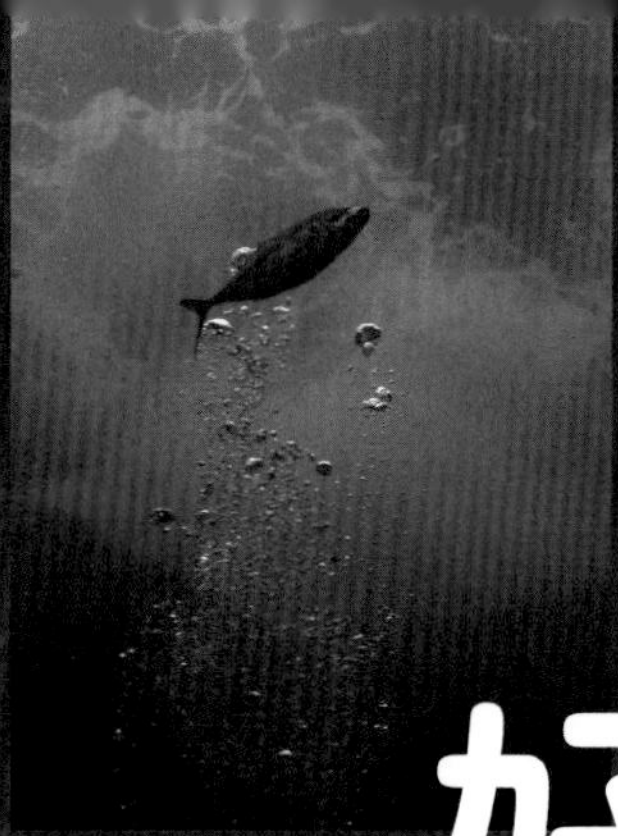

ダイバーのエアに寄ってきたカンパチ。好奇心旺盛だ

カンパチ

好奇心旺盛な重量級ハンター

根周りには大型のカンパチが付いていることも多い

何してるんだとでも言いたげに近寄ってきたカンパチ

TARGET PROFILE

本州中部以南に分布。ブリの近縁種でアジ科、ブリ属では最も大きくなり100㌔を超すものもいる。背部は紫青色で腹部は淡灰色。体側の中央を黄色い線が縦走する。頭部には黒褐色の帯があり、背中から見ると、八の字に見える。そのためカンパチの名が付いたといわれている。

カンパチって?

潮通しのよい岩礁帯などに住む。やや南方系の回遊魚であまり大規模な群れはつくらない。スピードも馬力もある好敵手でバーチカルジギングなどで狙うアングラーを魅了している。近似種にヒレナガカンパチがいて、南方海域ほど多くなってくる。

大型カンパチが付くカンパチの根が存在する

カンパチは好奇心が旺盛な魚だ。ダイバーの吐く泡に寄ってきたり、海底の砂を巻き上げるといつのまにか近くにいたりする。好奇心が旺盛ということは、獲物への執着心も強いということになると思う。カンパチは50㌢くらいまでの若魚のころは群れで行動するのをよく見かけるが、大型になると2尾くらいでいる場面に遭遇することが多々。ときには100㌔超えのモンスターもいるので圧巻だ。

カンパチの根というのが存在するのをご存じだろうか。そこに潜るとほぼ確実にでっかいやつと出合える。迫力の姿を眺めているだけで大満足だが、その根はまたカンパチのエサとなる小魚の宝庫なので、潮がよければハンティングシーンもお目にかかれる。さすがに近寄って見ることはできないが、ぐるぐると回って小魚の群れに突っ込んでいくのは感動的だ。

磯際の比較的浅いタナをゆったりと回遊する

ロウニンアジって?

胸ビレがカマのように長く伸び、側線が明瞭なのが特徴。50キロ超えるキングオブヒラアジだ。英名ジャイアントトレバリーの頭文字を取ってGTと呼ばれ釣り人にとっては最大の標的でもある。そのパワーは筆舌につくしがたく、超強烈というほかはない。

TARGET PROFILE　南日本に生息。幼魚は河口域などに群れで集まる。成魚は沿岸部のサンゴ礁域などに住む。成魚になると大きな群れはつくらず、単独行動することが多い。ヒラアジの仲間でも最も大きくなる種類で50キロを超える。

ロウニンアジ

潮筋に待ち受ける孤高の戦士

獲物を待っているのだろうか。ぽっかりと巨大な姿態を見せつけるかのように浮かんでいるロウニンアジ

突然でっかいのがヌボ～と現れてびっくりする

幼魚の頃は群れを作って回遊し、身近な内湾部や河口域でもよく見かけるのがGT（ジャイアントトレバリー）と呼ばれるロウニンアジだ。しかし、成長すると暖かい海域に南下して単独で行動するようになってくる。いわば彼らは孤高の超パワフルな戦士だ。単独で待ち受け、獲物がくれば果敢に攻撃し捕食する。

奄美諸島や沖縄諸島で岬の先端の潮筋などを水中散策していると、突然でっかいロウニンアジがヌボ～と現れてびっくりすることもある。獲物を探してうろうろしているのだろうか。

実は私、素潜り漁を手伝った経験があり、35キロくらいのロウニンアジを突いたことがある。潮筋を泳いで獲物を探していたが、そのときも出合いは突然だった。目を凝らしてロウニンアジと認識してから即座に突いたが、あとは渾身の力で引っ張り合いになった。片手で岩をしっかり掴んで堪えていたが、何度もはがされそうになった。水の中で人間の力はこれほど弱いものかと思ったものだ。

イシダイ

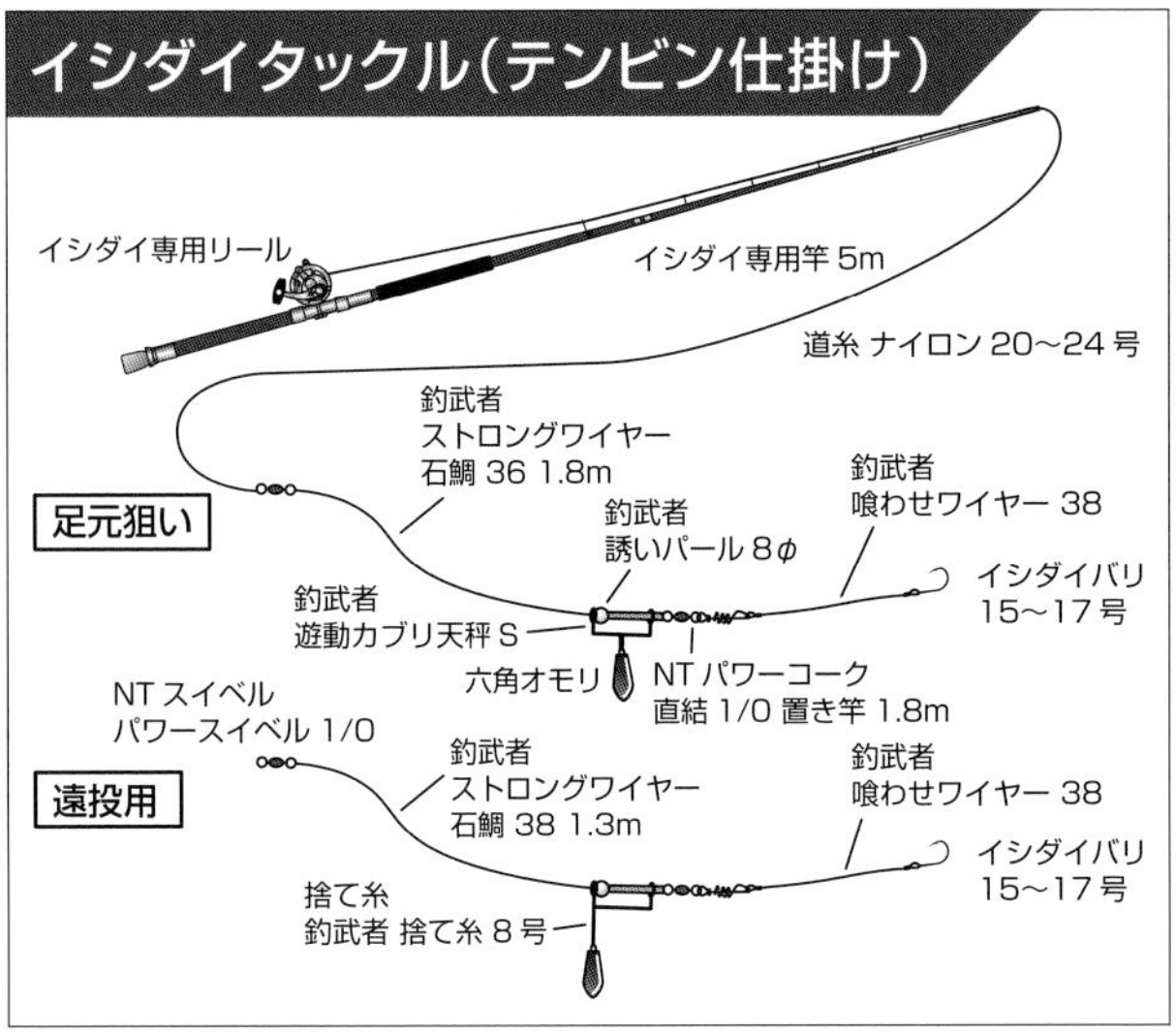

磯の王者と呼ばれ憧れの対象魚

イシダイは磯の王者と言われ、釣り人憧れの魚。どんな釣り師でも一度は釣ってみたいと思っていることだろう。

イシダイを釣るためには専用のパワーのあるロッドに両軸受けリールなどが必要。足元がドン深でなく、比較的浅い釣り場では、少し投げる必要があるので遠投のできるリールが必要になってくる。

ちなみに、イシダイ釣りにも、場所によって違いがあり、置き竿にして狙う場合と、南方釣りと呼ばれる手持ちで構える場合がある。南方釣りは足元から水深があり、垂直に切り立った磯やオーバーハング状の磯が多い九州地方でよく行われる。

春のイシダイは沖磯の浅ダナ狙いと言われる。少しずつ水温が上昇していく時期なので、産卵期を迎えるとあってイシダイたちが接岸してくるからだ。

夏場は海水温も上昇するので少しでも水温の低い場所を選ぶのもコツ。少しでも深い所か潮の動きのいいところを狙ってみる。

秋はどの場所も全般的によく、イシダイたちは低水温になる前に体力をつけるためか、活性がすこぶる高い。

冬場は深場でじっとしているイメージだが、潮のタイミングが合えば十分口を使ってくる。当たれば大物、デカ判の確率が高い。

季節によって最適なエサを考える

イシダイ釣りはエサ選びと使い方も重要で、シーズナルなエサ使いとしては、例えば九州地方を例にすると、春は赤貝。朝一から基本的に赤貝のむき身で攻め、エサ取りが多い場合や、逆に何も当たらないときは粗割りで釣っていく。夏はガンガゼ、あるいは白ウニ、バフンウニ、サザエの出番。エサ取りが多いときはウニのケンを切らずに使う。秋はガンガゼや遠投するときはサザエも使う。冬はガンガゼがメインだが、水温やポイントによってはサザエやヤドカリ、赤貝も使っていく。

イシダイ釣りは竿先に出るアタリがドキドキして楽しいもの。ただアタリが出ても焦りは禁物。イシダイはエサをいきなりのみ込むことは少なく、バリバリしがんで吐いてというような食い方をする。じっと待って大きく竿が舞い込んだ、そのときが掛け合わせるチャンス。渾身の力で大アワセ！ 次の瞬間に強烈な突っ込みが始まる。

60センチを超える大判イシダイを手にしたときの感動はひと言で表現できないものがある

アワセが決まった瞬間に強烈な引きがやってくる

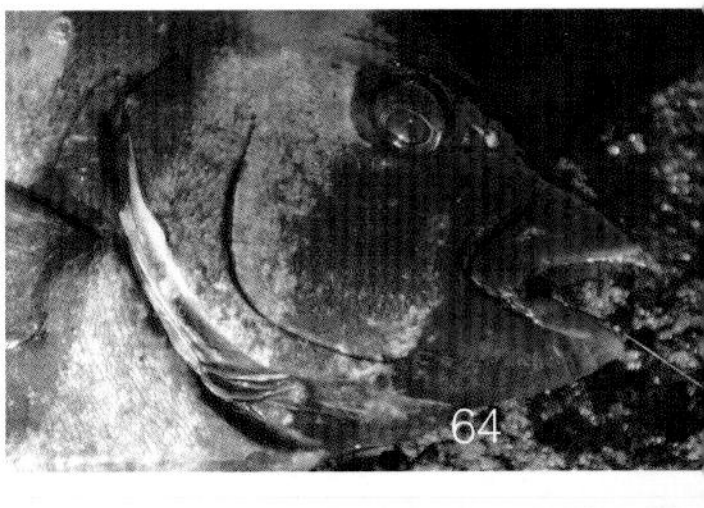
迫力の面構えはまさに磯の王者。一度は釣ってみたい

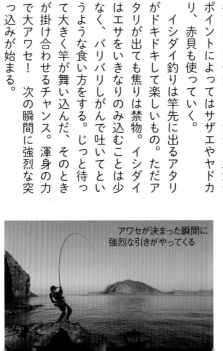

ブリ(メジロ、ハマチ) カンパチ

Let's Fishing!!!

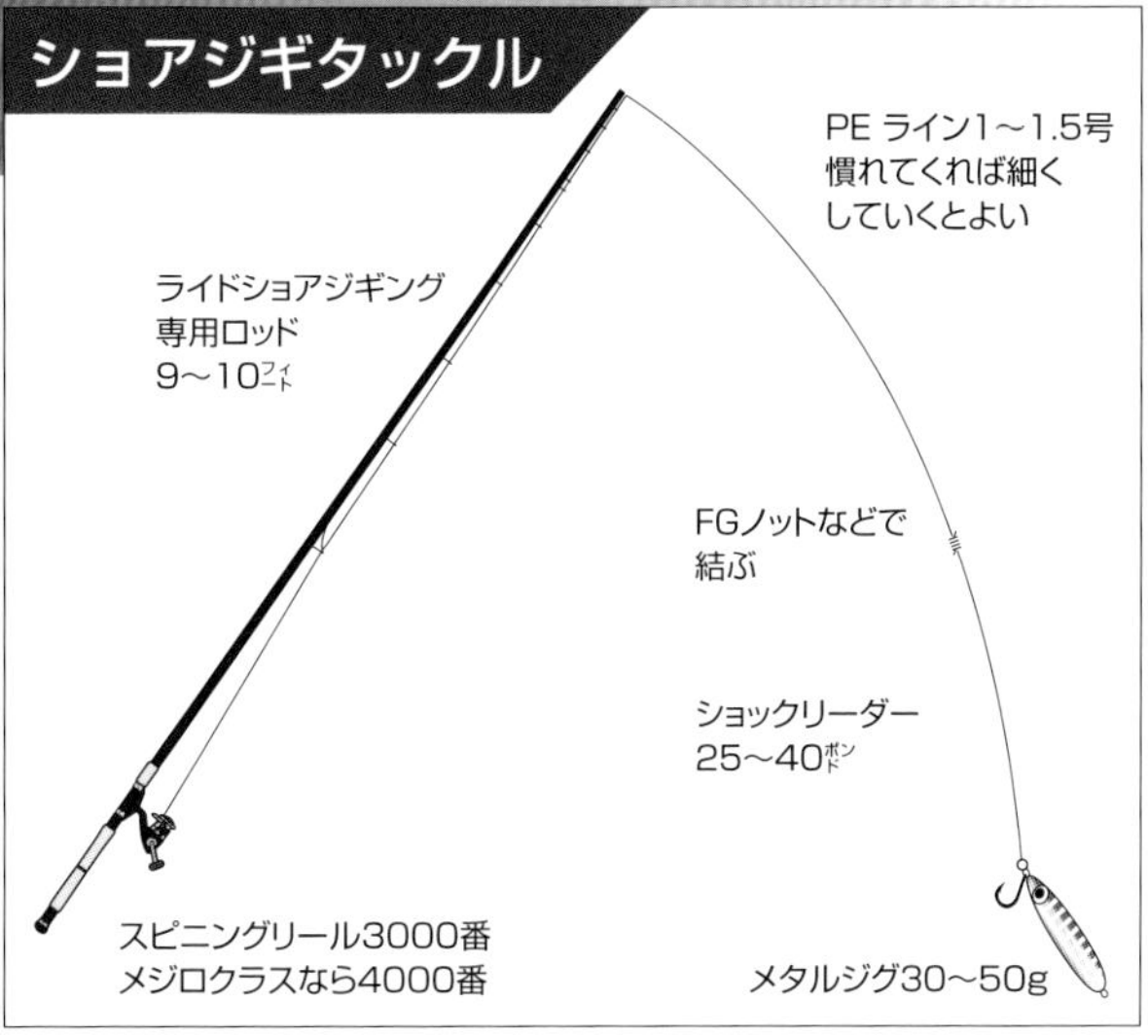

手軽なショアジギで狙ってみよう

磯などで大型を狙うヘビーなタックルではなく、比較的軽いタックルで行えるライトショアジギングは誰にでも入門が可能。ハマチなどの青物やサバ、ソウダガツオ、マダイ、サゴシ、ヒラメ、マゴチ、カサゴ、アコウ（キジハタ）など狙える魚も多彩。

ベイトがいるかいないかが、釣れる釣れないの分かれ目。潮が動いて、ベイトが見えだすとチャンスの到来。キャストは基本的にフルキャストだが、目安になるのは潮目やボイル。ボイルがありナブラが見えるときはジグを沈める必要がないので中層を横にスライドさせるようにシャクってやるとヒット率が上がる

たとえば朝一番に堤防の先端や角をとれたら、釣果への期待はかなり高まる。しかし、いきなりフルキャストするのは得策ではない。かけ上がりや捨て石の切れ目にも青物はつくので、まず狙ってみること。それでダメならフルキャストへ移行すればいい。

目標とするのは潮目。潮が動き出してベイトの存在が確認できれば最高のタイミングだ。さらにナブラがあればそこへキャストすればいい。

ナブラが見えないときはボトムまで沈める

表層でナブラがあればジグを沈める必要はない。横にスライドさせるようにヒラヒラとジグが落ちていくタイミングを作りながらシャクってやるとヒットする。

ナブラが見えないときはボトムまで沈める釣りへと移っていく。状況によって縦シャクリと横シャクリを使い分けていく。

ショアジギングで一番大事なのは着底をしっかり見極めること。そのためには重たいジグを使うのも一手だが、ラインを細くするとよい。潮の抵抗も減る。堤防ショアジギングの目安としてはPEライン1号だ。

ジグを投げて着水したら、スプールをフェザリングしながら、ラインを適度にコントロールして張らずゆるめずの状態で落としていく。着底すればラインの出が止まるので分かる。そしてすぐにジグを跳ね上げる。これでヒット率が格段に上昇する。ボトムからジグが立ち上がったひとシャクリ、ふたシャクリ目っていうのがすごく重要。最初のフォールで魚が付いていって、次のシャクリの1回目でラインスラックが取れて、次のシャクリでジグがポーンと跳ね上がっていく。そのタイミングで当たるというのが一番ヒットの多いケースなのだ。

とにかく着底したらすぐ立ち上げる。根掛かりもへるし、ヒットのチャンスも増える。

他の青物と違ってハマチはいやらしい突っ込み方をしないのでじっくり粘れば取り込むことができる

ショアジギングで一番大事なのは着底をしっかり見極めること。そしてすぐにジグを跳ね上げる。これでヒット率が格段に上昇

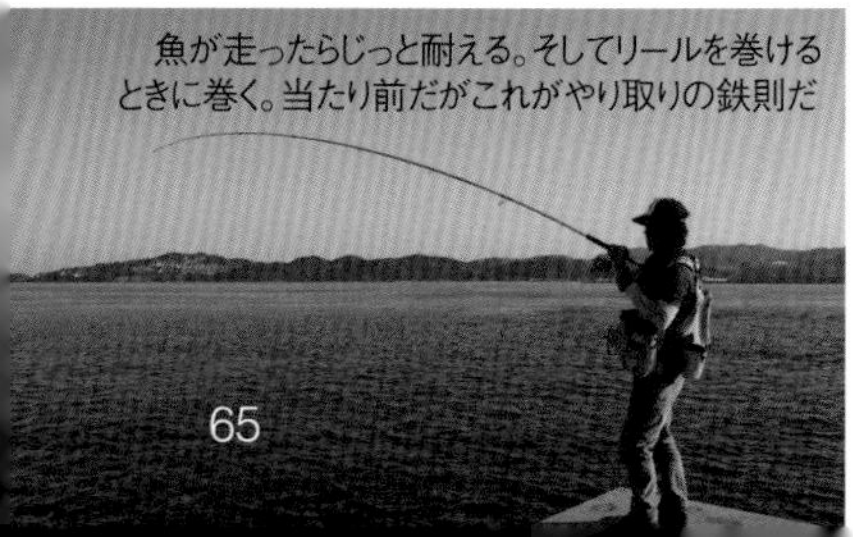
魚が走ったらじっと耐える。そしてリールを巻けるときに巻く。当たり前だがこれがやり取りの鉄則だ

ブラックバス

ストラクチャーに寄り添い獲物の影を追う

中層にポカンと浮かんでいることがあるのもブラックバスの特徴

かけ上がりにスタンバイするバスボート

TARGET PROFILE

和名はオオクチバス。釣り人にはブラックバスと呼ばれる。甲殻類や小魚など貪欲に捕食する。1925年にアメリカから移入された外来魚で現在日本に定着している。全長50センチを超えるものもいる。フロリダバスが最も大きくなる種。

45㌢ほどの群れを発見。かけ上がりの上層でストップ中。エサでも待っているのだろうか。池原ダムでのワンシーン

ブラックバスって?

湖沼や池、河川に生息する。小魚などをエサにしており、それらを模したルアーに果敢にアタックしてくる。派手なファイトでアングラーを魅了するルアーフィッシングの好敵手だ。

湖に沈んだ立木の根元周りに着いていた大型のブラックバス。その目は鋭く、何か普通でない動きのものがくれば逃さないような気迫が見て取れた

湖底に設置されたテトラポッド周りにも型のよいブラックバスが付いていた

湖を潜るとヘラブナの群れにもよく遭遇する

いわゆるスクーリングという行動。群れでゆっくりあちこち回遊していく。ときどき止まって様子を伺うような素振りを見せる

水面に浮いた流木の下などは釣る際に狙い目となるポイント。思惑通りに大型が潜んでいた

こちらも大きな立木の根元をナワバリ的に占有していた大型。興奮しているのだろうか、体表の模様が鮮やかだった

ストラクチャーに固執もするが群れで回遊もする

ブラックバスは基本的にストラクチャー（岩礁やテトラポッドなどの障害物）周りに付いていることが多いものだ。ブラックバスを探して潜るときは、ボートの魚探を目安に水中へ入るが、立木、岩礁、テトラポッドなどを目指すと高い確率でそこに付いていた。ちなみに警戒心はそれほど強くなく、ダイバーが近付いてもあまり気にしない。

ストラクチャー周りにはエサとなる小魚やエビなどの甲殻類も多く、数尾で共存していたり、1尾でどっかり居座っていたりする。見ていると「自分のナワバリだぞ」と主張するように他のブラックバスを威嚇し、追い払うような行動も見られた。

しかしながら、ブラックバスは春に産卵（スポーニング）し、その後、初夏辺りから見られるのが群れで回遊する行動だ。これはスクーリングと呼ばれ奈良県池原ダムなど規模の大きい湖だと10尾以上でいる場面も見かける。

このサイズが45㌢を超えると水中で見ていてもかなりの迫力だ。一団がどこを目指しているのかは計り知れないが、群れでゆっくりと移動していく。しかし、ずっと泳ぎ続けるのではなく、ストップして定位することも。私が見たのはかけ上がりの上層辺りだったが、エサの小魚などがくるのを待っていたのだろうか。

ブラックバス

クランクベイトなら投げて巻くだけで簡単。ブルブル震えブリブリ動いて魚にアピール

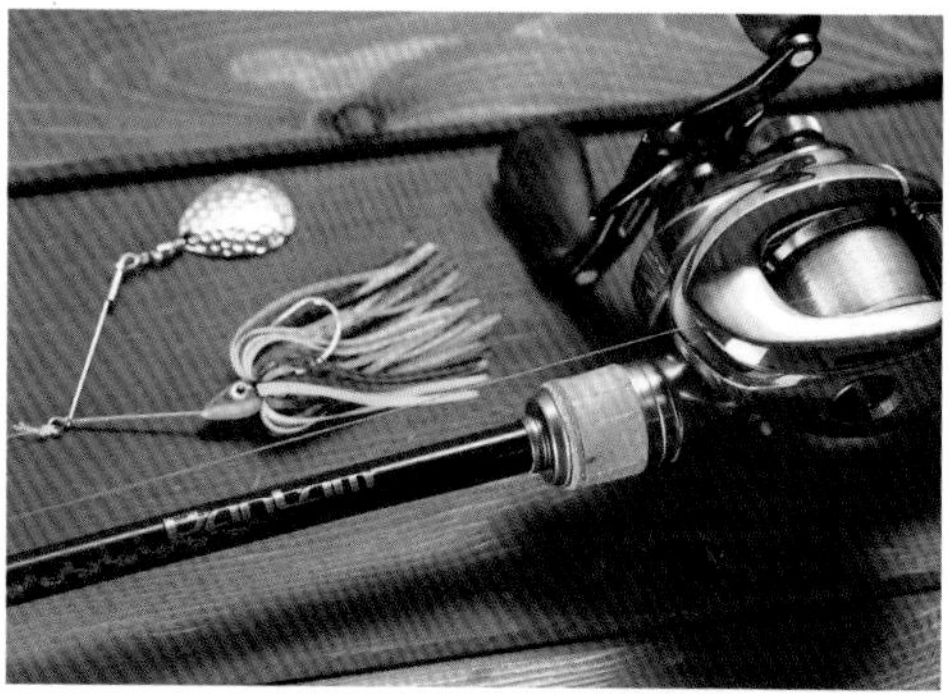

慣れてくればベイトタックルで自在に攻めてみるのも楽しい

基本はただ巻きで スピードに変化をつける

ブラックバス釣りで一番大切なのはキャスティング。スピニングリールを使うのはさほど問題ないが、ベイトリールを使うには慣れが必要になる。

まずはじめるなら、スピニングタックルからがおすすめ。これでとりあえず1尾を釣ってみよう。

ブラックバス釣りで使用するルアーは多種多様だが、大きくはハードルアーとソフトルアーに分かれる。

ハードルアーとしては、ベイト、ポッパー、スイッシャー、ノイジーなどのトップウォータ系、ミノー、クランクベイト、シャッド、ラバージグ、スピナーベイト、バズベイトなどがある。

ソフトルアーとしてはストレートワーム、グラブ、バドルテールグラブ、クローワーム、ホッグワーム、カーリーテールワーム、シャッドテールワームなどがある。

これらの使い分けはやはり慣れと経験が必要だが、それはブラックバス釣りの奥深さの一面でもある。

ブラックバスは障害物周り、いわゆるストラクチャーに付いていることが多く、湖や池などの中に杭があれば、その際をトレースできるようにキャストしてリールを巻いてくる。このときただ巻いてくる〝ただ巻き〟でまずは攻めてみよう。ただ巻きは一定のスピードで巻いてくるのが基本だが、よく当たってくるスピードが日によって違うので、速い方がいいのか、遅めがいいのかを確認しながら釣るのが大事だ。

速巻きをファーストリトリーブ、遅巻きをスローリトリーブ、その中間をミディアムリトリーブという。日頃から巻く速さを意識して釣っていきたい。

さらに巻いてくるときにアクションを入れると効果的だ。アクションは誘いとなってブラックバスの食いを誘発するカギになることもある。

トゥイッチングなどのアクションを行う

アクションとしてはトゥイッチン

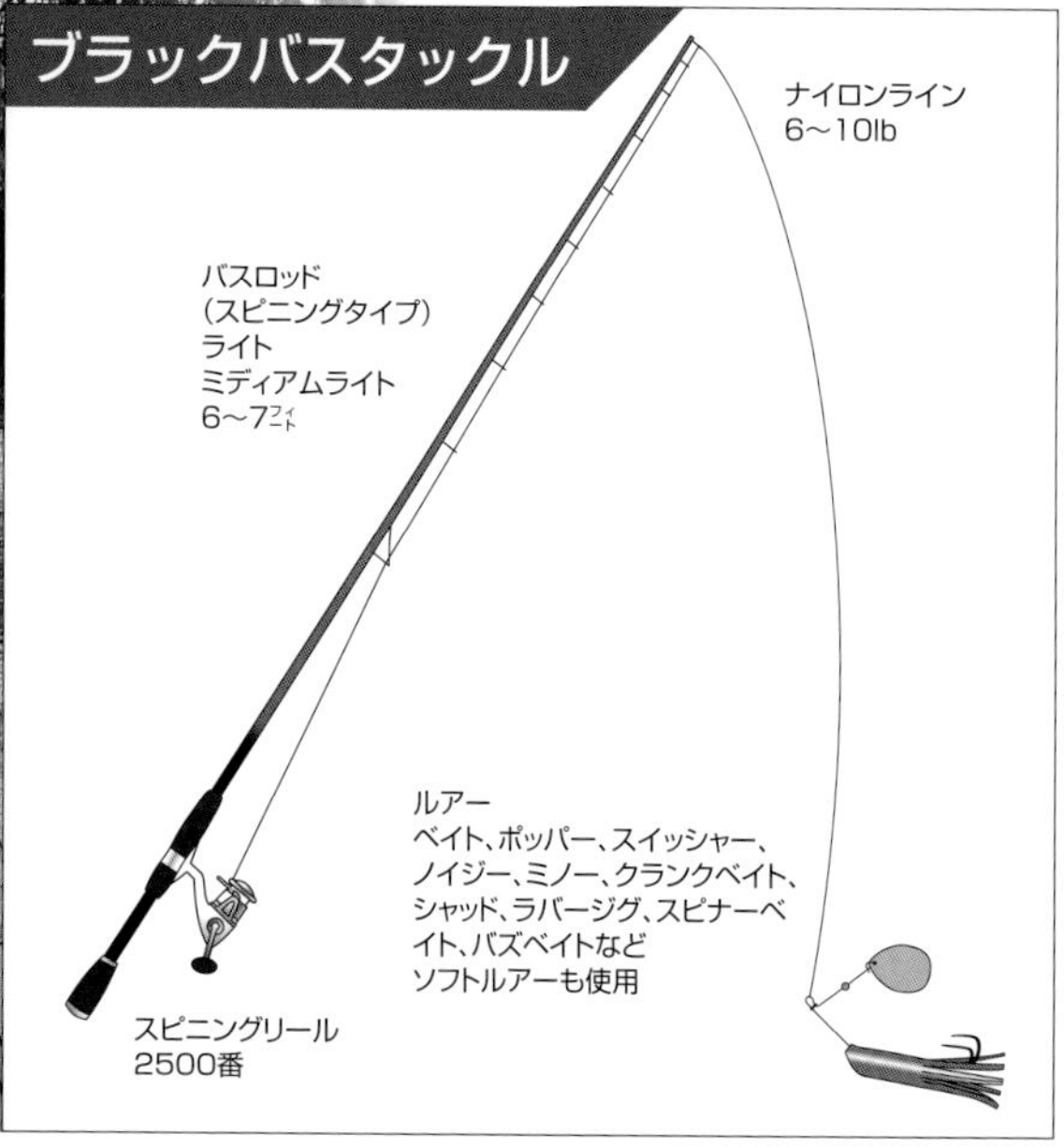

Let's Fishing!!!

ストラクチャー周りを狙ってキャスト。正確な投入は練習あるのみ

50センチを超えるランカーサイズはバリーの憧れだ。ぜひ狙ってみよう

掛けた後に派手なジャンプで楽しませてくれるのもブラックバス釣りの醍醐味

グが代表的。これは竿先を小刻みにチョチョンと動かしてルアーを動かすもの。この動きをときに大きくしてブラックバスにアピールしてみても面白い。

大きく竿をあおるようしてルアーを長い距離動かすのがジャーク。これもアピール度が高いアクション。

ただし、アクションばかり続けていては、ブラックバスが食う間がなくなるということもあり得る。巻いてくるときやアクションを入れたときなど、一旦ストップをかけるのも有効だ。1秒から数秒程度止めて再び動かしていくことでヒット率がかなり上昇するはずだ。

ワームなどを使うときはボトムバンピングも試してみよう。ワームを底まで沈めたら、チョンと瞬間的に持ち上げるように竿先を操作する。そしてワームが底をトントンと跳ねながら移動していくようなイメージで釣っていくとよい。

こうしてブラックバスを誘惑し、フッキングした際にズシンとくる重量感。それは至福の瞬間だ。

水中コラム 3

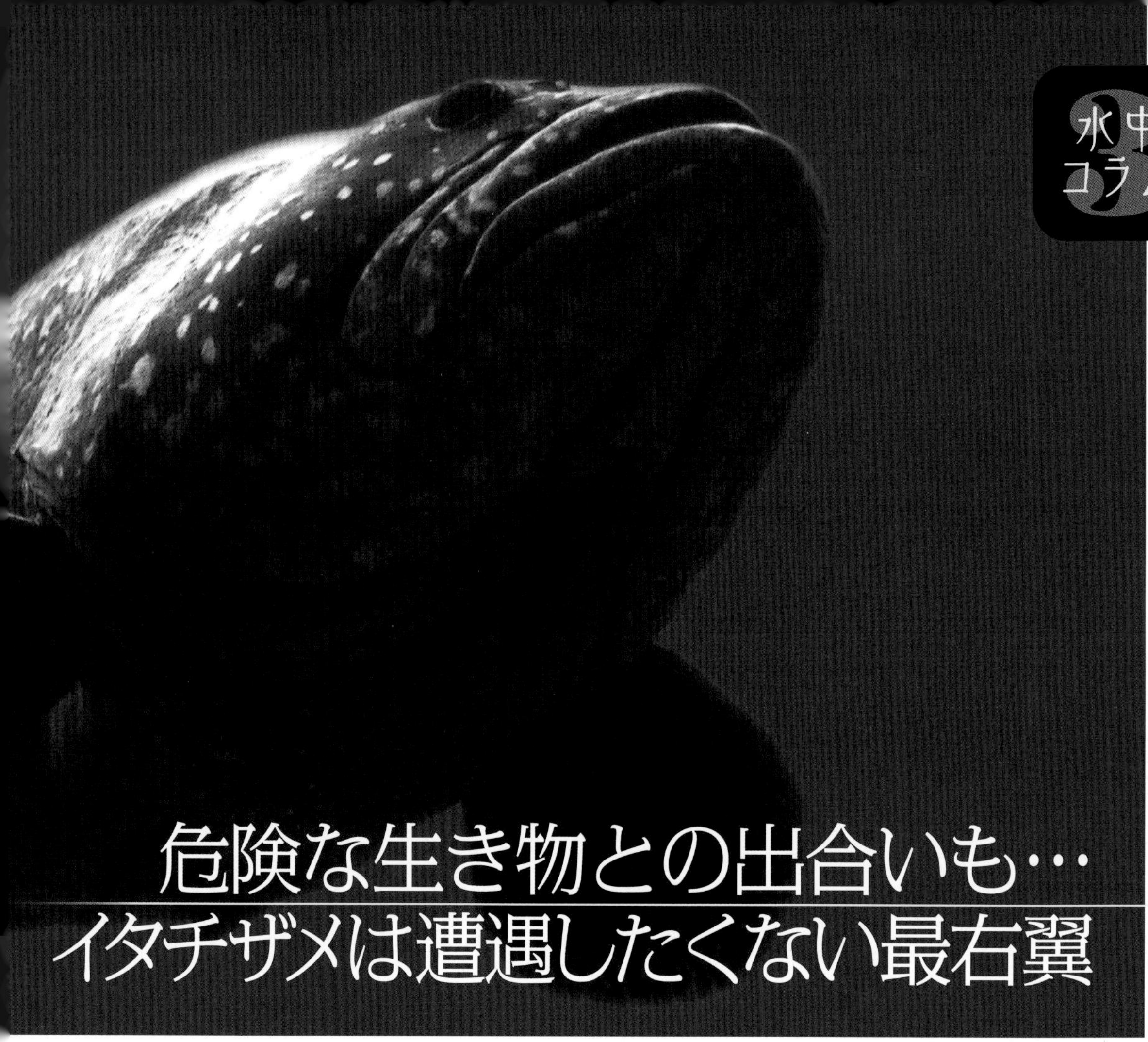

危険な生き物との出合いも…
イタチザメは遭遇したくない最右翼

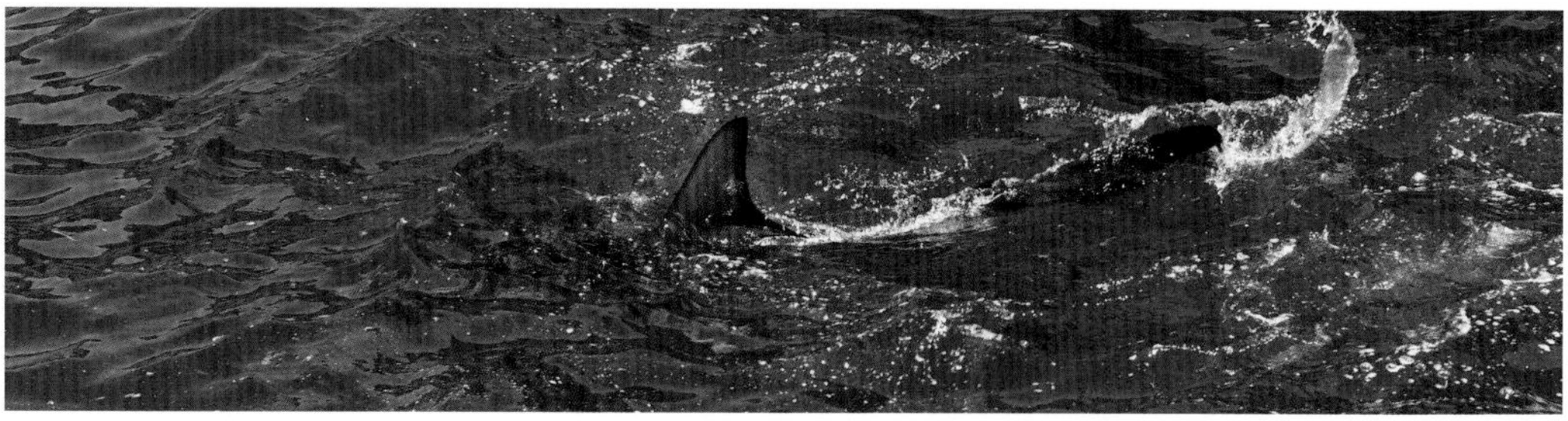

サメに目を付けられる体験はもう2度としたくない

イタチザメが私の周りを旋回

よくオーストラリアなどではサーファーがサメに襲われるというセンセーショナルなニュースが伝えられる。日本では潜っているときにサメと出合う確率はそれほど多くはなく、死亡例も少ない。中には好んでサメの海に潜るダイバーもいるくらい。静岡県の神子元島周りなどではハンマーヘッド（シュモクザメ）を見るためにこぞってダイブしているし、磯釣りで魚がバンバン食われて上がってくる、その目の前に潜ったりもしている。

余程のことがない限り、サメが人を襲うことはないのだが、そうはいかない場面もある。もうかなり昔の話だが、鹿児島県の奄美諸島で、知り合いの素潜り漁師が魚を突きに海に出たきり戻ってこなかったことがある。発見されたのはウエットスーツの切れ端とウエイトベルトだけだった。一帯にはいろいろなサメがいるが、おそらくイタチザメ（タイガーシャーク）の仕業だと思われる。こいつは海中で出合いたくない最右翼。沿岸域に多く、けっこう大きくなるし、獲物に執着する、どう猛な

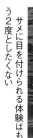

人間ほどの大きさのタマカイは水中で見ればど迫力。大口を開ければ頭くらいは入りそうだが…

性質だ。ちなみに日本近海では人食いサメの代表格として知られるジョーズ＝ホホジロザメには出合うことはまれ。

　運悪くイタチザメに出合ってしまったことがあり、周囲をぐるぐる旋回されたことがある。これは、エサとして食えるか、食えるなら食ってやろうというサメ特有の行動なので生きた心地がしなかった。このときは、磯の割れに身を隠すように壁を伝って逃げることができた。ナイフを手に、襲いかかってくればサメの急所である鼻先を突いてやろうと身構えながら…。無事生還しても、しばらくはサメ恐怖症になった。

ウミヘビは猛毒だが大人しい

ウミヘビは猛毒を持ち、噛まれると死亡してしまうこともあるくらい、非常に危険な生物だ。しかしながら、ダイバーたちはウミヘビをあまり恐れていない。動きもゆっくりしていて大人しい性格で襲ってくることはまずないからだ。むしろ陸上で出合うハブの方がよっぽど恐い。ハブは俊敏で近寄る人間に一気に飛びかかってくることもある。

　ただしウミヘビが大人しいからといって、余計なちょっかいをかけるのはやめておいた方がいい。仮に噛まれたりすればハブ同様にただ事ではすまない。

　しかしながら、彼らは意外に人なつっこく、知らぬうちに寄ってきていたりすることもある。そんなときは、人間を襲う意図はないので、刺激しないよう、やんわりスルーするとよい。

　もっとも私は被写体としてウミヘビをけっこう追い回したりしている。あくまで怒らせないよう気を配りつつ…。

クエにかぶられそうに…

最後はクエにかぶられそうになったエピソード。クエといってももっと大きくなるタマカイ系の種だったが、こいつにエサにされてしまいそうになった経験がある。

　鹿児島県の奄美諸島での話。洞窟あり、断崖ありの変化のある地形を潜っていると、ふいに後ろからフィン（足ヒレ）を引っ張られた。バディが何かしてるのかなと、振り返ると、でっかいクエがいて、私の足ヒレをくわえ込んでいる。ヒラヒラ動くからルアー効果もあったのだろうが、目を見ると「のみ込んでやろうか」という感じで睨む。慌てて逃げたが、クエはフィンはのみ込めても人間はとても食えないくらいの大きさ。エサと思ったのか、じゃれてきただけなのか、不思議な体験だった。まあ、サメでなくてよかった。

ウミヘビは大人しい性質で、意外と人なつこい面もあったりする

フィンをパタパタさせているとクエにかぶられるかも

海中を彩る多種多様な魚たち

真実の姿態を切り撮ってみると…

よく見かける外道たちや一度は釣ってみたい魚など、ここでは記憶に残った魚たちを中心にダイジェストで一挙紹介していこう。

ハマフエフキ(タマミ)

千葉県以南に分布する南方系の魚で80～90センチに大型化する。浅い層を悠然と泳ぎ、数尾で見かけることが多い。磯際で見る巨体は迫力満点だ。

ニザダイ(サンノジ)

宮城県以南に分布する磯釣りではおなじみの魚。群れで行動しときには口太グレの群れと同化していることもある。尾っぽが白い個体もいて目立つ。

アジアコショウダイ

三重県以南に分布する。数は多くないが引きは強く非常に美味なのでうれしい獲物。岩陰などにすみ潮がよくなれば回遊する姿も見かける。

オキナヒメジ(メンドリ)

西日本の太平洋側でよく見かけるヒメジの仲間。アゴ下のヒゲが特徴。鮮烈な体色とは相反してすこぶる美味い魚で水中で見かけるとよだれが…。

ミナミイスズミ

伊豆諸島より南に分布するイスズミの仲間。魚体が黒っぽいものもいて海面からも一目でそれと分かる。グレ釣りの外道であるがパワーは満点だ。

ブダイ(イガミ)

本州中部以南に分布し伊豆や和歌山では人気対象魚。岩に付いた海藻などをそぎ落として食う場面をよく目撃する。雄は緑色っぽく雌は赤っぽい体色。

アイゴ

本州以南に広く分布する。背、腹、尻のヒレに毒が注意が必要。水中では群れで行動し、幼魚のうちはかなりの大群で行動する姿を見かける。

カサゴ(ガシラ)

全国的に身近な堤防などにも広く分布。食欲旺盛で釣りやすい。根の周りなどに付いてじっとしている印象があるが、ときにはかなり上まで浮上してエサを追うこともある。

ヨスジフエダイ

千葉県、富山湾以南に分布。黄色い体に青い線が特徴。かなりの群れで岩礁帯に付いている。美味しいので一網打尽にして持って帰りたい衝動にかられる。

ボラ

全国に分布する。内湾部などで大きな群れを形成することもある。チヌと仲良しでボラの群れにチヌがまじっていることもよくある。ダンゴを入れると真っ先に寄ってくる。

ナンヨウカイワリ

幼魚はメッキと呼ばれ本州以南で群れで普通に見られる。大きくなると小数で見かけるようになり悠然と泳ぐ姿は迫力満点。ルアーにも激しくアタックする。

ニジハタ

伊豆諸島以南に分布するハタの仲間。あまり大きくならないが派手な体色なので目立つ。写真は左右2㍍はあるイソバナだが、こんな場所でもよく見かける。

ナガテングハギモドキ

伊豆半島以南に分布し深めの潮通しのいい場所にすむレアな存在。鹿児島県トンバラの名物で水深40㍍で尾長グレの大群か!?と思ったらこいつだった。

ウツボ

千葉県以南に分布。海のギャングといわれるどう猛な魚。タコを襲うシーンを見かけることもある。和歌山や高知などでは好んで食される。

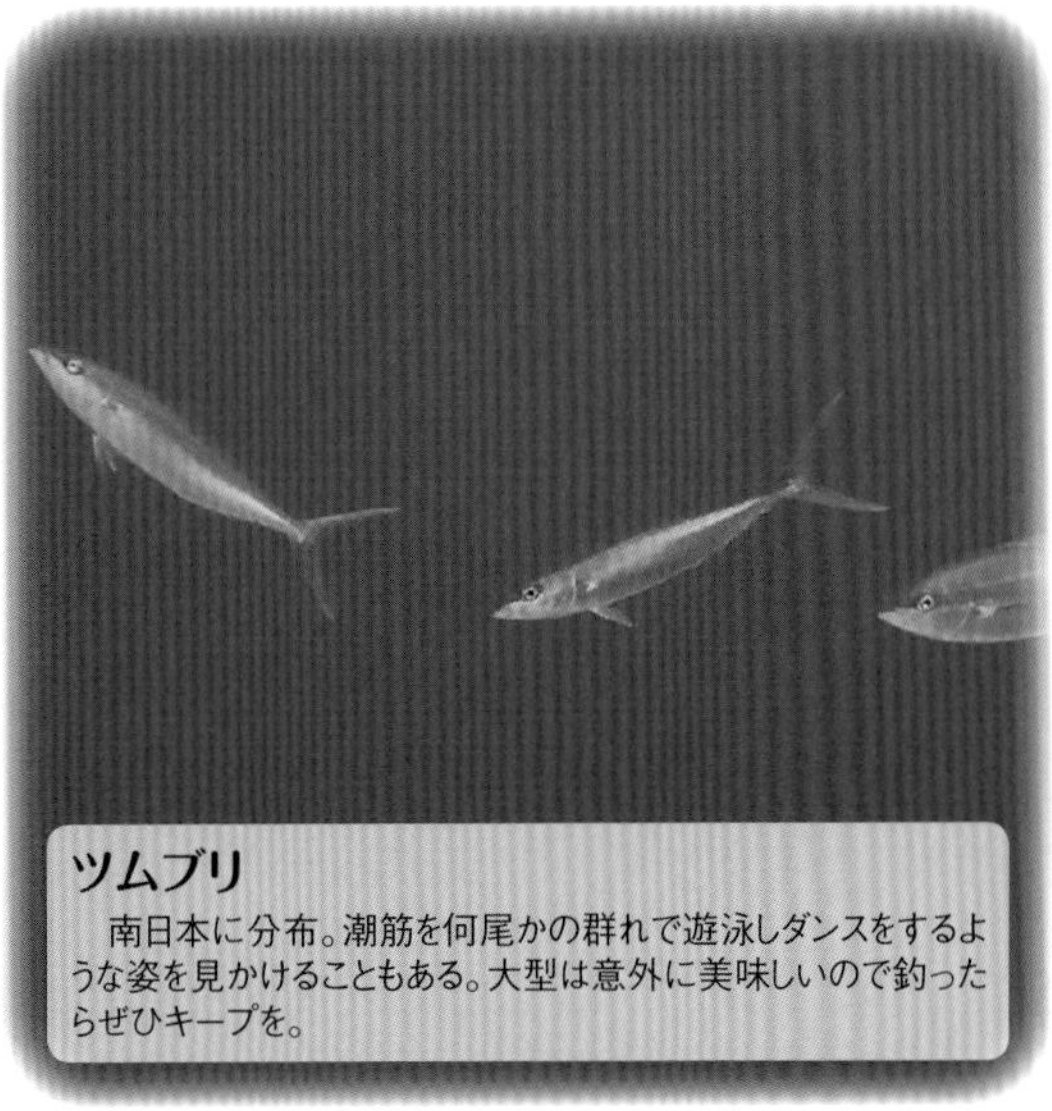

ツムブリ

南日本に分布。潮筋を何尾かの群れで遊泳しダンスをするような姿を見かけることもある。大型は意外に美味しいので釣ったらぜひキープを。

クエ

青森県以南に分布するが南方ほど多く生息。岩穴などをすみかにして警戒心がすこぶる強くダイバーをなかなか近寄らせない。味のよい高級魚。

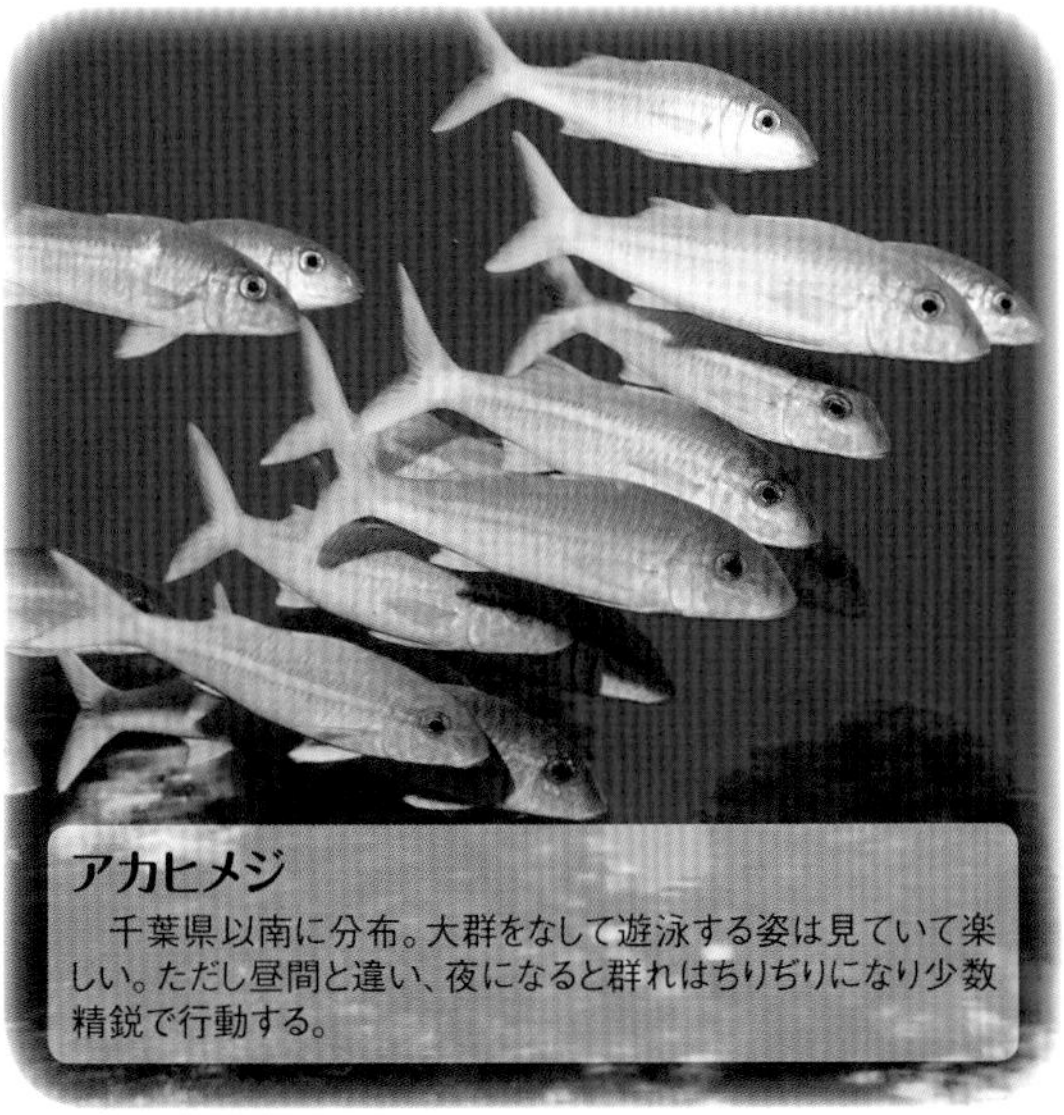

アカヒメジ

千葉県以南に分布。大群をなして遊泳する姿は見ていて楽しい。ただし昼間と違い、夜になると群れはちりぢりになり少数精鋭で行動する。

アイゴがダンゴになるとき

幼魚が成長し秋を迎えると沿岸部に小型のアイゴたちが大挙押し寄せる。中でも特徴的なのが流れ藻に付いて球状の集団になること。身を隠す術なのか、そこかしこで見られる。

ウマヅラハギ

北海道〜九州にかけ分布。カワハギに引けを取らないエサ取り名人。活発な性質でグレの群れに入って一生懸命にエサを追う姿もよく見かける。

カワハギ(マルハゲ)

青森県以南に分布。エサ取り名人として釣り人にもよく知られている。おちょぼ口でエサをかじって成分をばらまくので他の魚が寄ってくるという効果もある。

カンムリベラ

相模湾以南に分布。底物場などでよく見かけるベラ。大きくなると体長1メートルになる個体もいて非常に貪欲で一気にエサをガツンと奪い取っていく。

ハリセンボン

北海道以南に分布するフグの仲間。全身がトゲに覆われている。水中では動きも緩慢で人なつっこい個体もいるが、怒るとまん丸に膨れる。

クサフグ

青森から沖縄にかけ分布。釣り人にはエサ取りとしておなじみのフグ。水中では警戒心もあまりなく寄っても逃げない。産卵期には大挙して接岸する。

ツバメウオ

北海道以南に分布。これは若魚でリーフ内での単独シーンを撮影。成長すると体型がもっと丸っこくなって外海で大きな群れを作る。身は脂が乗って美味い。

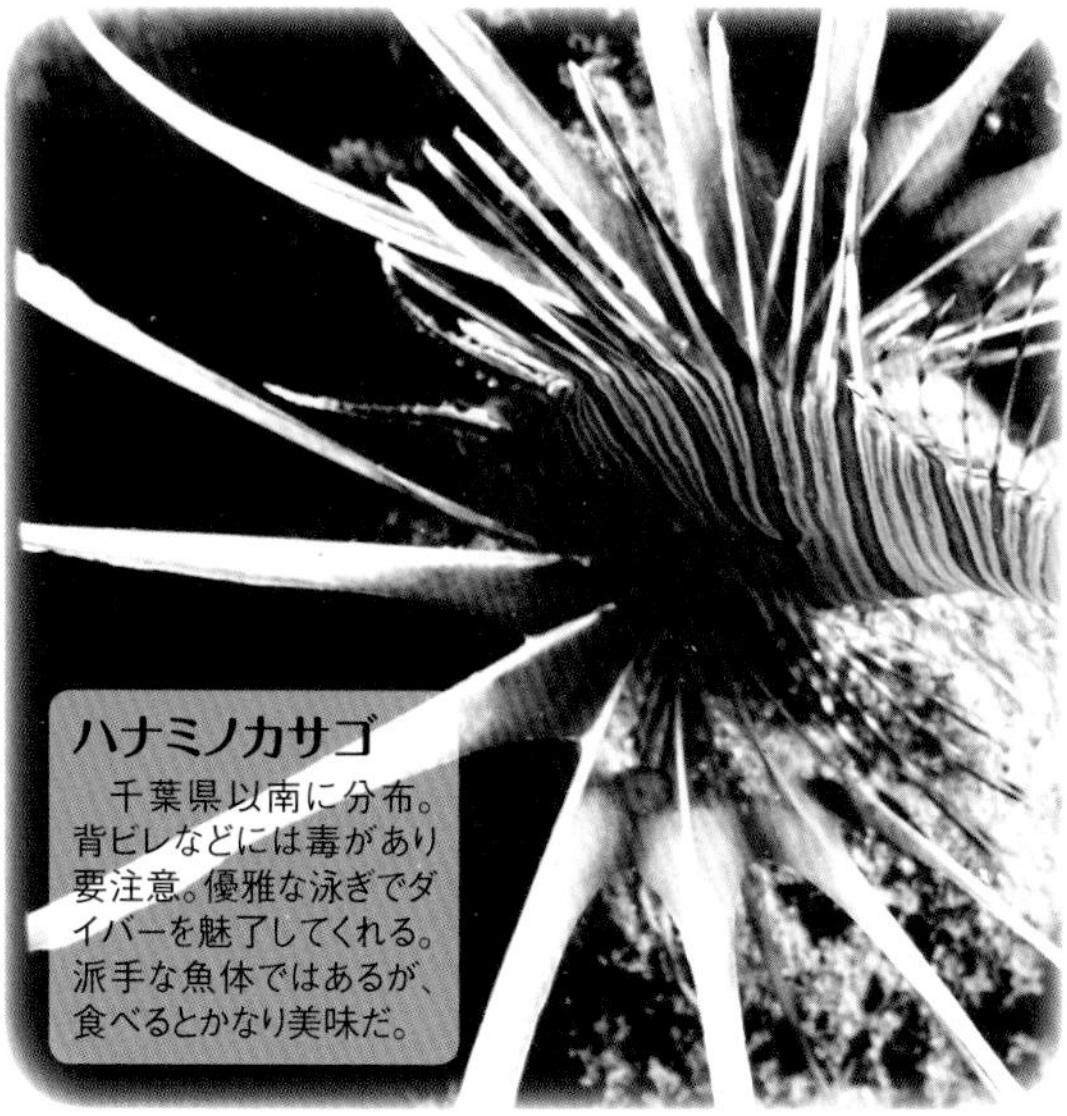

ハナミノカサゴ

千葉県以南に分布。背ビレなどには毒があり要注意。優雅な泳ぎでダイバーを魅了してくれる。派手な魚体ではあるが、食べるとかなり美味だ。

モンガラカワハギ

温暖な海に生息するカラフルなハギの仲間。ユーモラスな動きで見ていても飽きない。ただし気性が荒い個体もいて突進されることもある。

ゴンズイ

房総から九州に分布。南方には近似種のミナミゴンズイが生息する。胸ビレと背ビレの棘には毒があるので要注意。群れで行動しときには巨大な玉状になる。

ヘラヤガラ

相模湾以南に分布。魚体は環境によって変わりいろいろなカラーが存在する。けっこう俊敏でどう猛なフィッシュイーターで小魚を一瞬にして吸い込んでしまうのは圧巻だ。

ワニエソ

南日本に分布。近似種のマエソは千葉県以南に分布。普段は海底にじっと待機して獲物が通りかかるの待って補食する。小魚やゴカイ類を好む。

タカノハダイ

津軽海峡以南に分布。磯ではポピュラーな魚だがこれが釣れると本命が釣れないと危惧する人も。水中では単独でポツンと行動していることが多い。

ウメイロモドキ

相模湾以南に分布。カラフルな魚体が潮通しのよい場所で100尾以上の群れをなして泳ぐ姿は圧巻だ。奄美、沖縄ではポピュラーな魚で美味い。

キビナゴ

本州中部以南に広く分布。巨万の群れを作って目の前を通り過ぎるすがたはまさに圧巻。多くの魚のエサとなるのでキビナゴがいれば胸が高鳴る。

ニセカンランハギ

茨城県以南に分布。本州太平洋岸でもよく目にするハギ類。背ビレと尾ビレの付け根が鮮やかな黄色で目立つ。潮だまりなどでもよく見かける。

チョウチョウウオ

茨城県以南に分布。チョウチョウウオの仲間は数が多いがこれは沿岸部で普通に見られる。群れで回遊する場面もある。エサ取りとして有名だが食べると美味しい。

トウゴロウイワシ

青森県以南に分布。かなりの群れを作るのでフィッシュイーターたちには格好のベイトになる。水中で通り過ぎる群れの近くに青物が待ち受けていたりすることもよくある。

キンメモドキ

千葉県以南に分布。グレなどが多い磯に潜ると、岩陰や割れなどにいるのを見かける。ときとして巨万の群れを作るので竜宮城のような世界を体感できる。

ソラスズメダイ

千葉県以南に分布。鮮やかなエメラルドブルーの魚体が美しくサンゴに群れをなしていると思わずシャッターを切ってしまう。南方ではエサ取りになるが、魚体のカラーも変化があって面白い魚だ。

ハタタテダイ

下北半島以南に分布。磯釣りで釣れることもある。単独か群れで生活し、潮通しのよい場所でエサを探している場面にもしばしば遭遇する。

オヤビッチャ

青森県以南に分布。沿岸部に普通にいて代表的ともいえるエサ取り。人を恐れず近付いてくる好奇心旺盛な性格。焼いて食べると意外に美味しい。

オニヒトデ対ホラ貝

閑話休題的な話になるが、サンゴを食害するオニヒトデが問題になったことがある。そのオニヒトデを食う天敵がホラ貝。捕食のシーンを目の当たりにした。サンゴは稚魚たちのゆりかごで、釣り人にもなくてはならない存在なのだ。

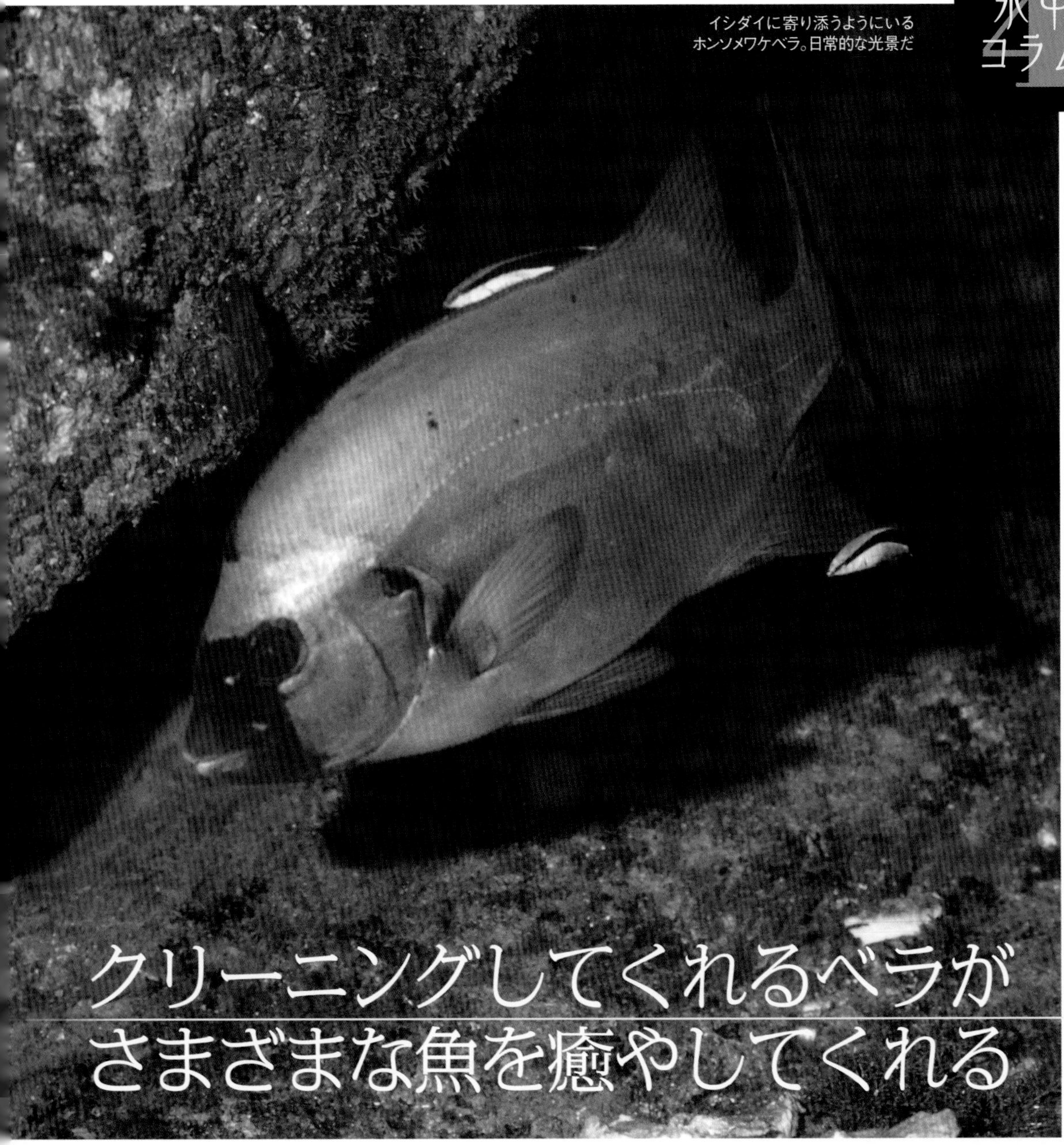

イシダイに寄り添うようにいる
ホンソメワケベラ。日常的な光景だ

クリーニングしてくれるベラがさまざまな魚を癒やしてくれる

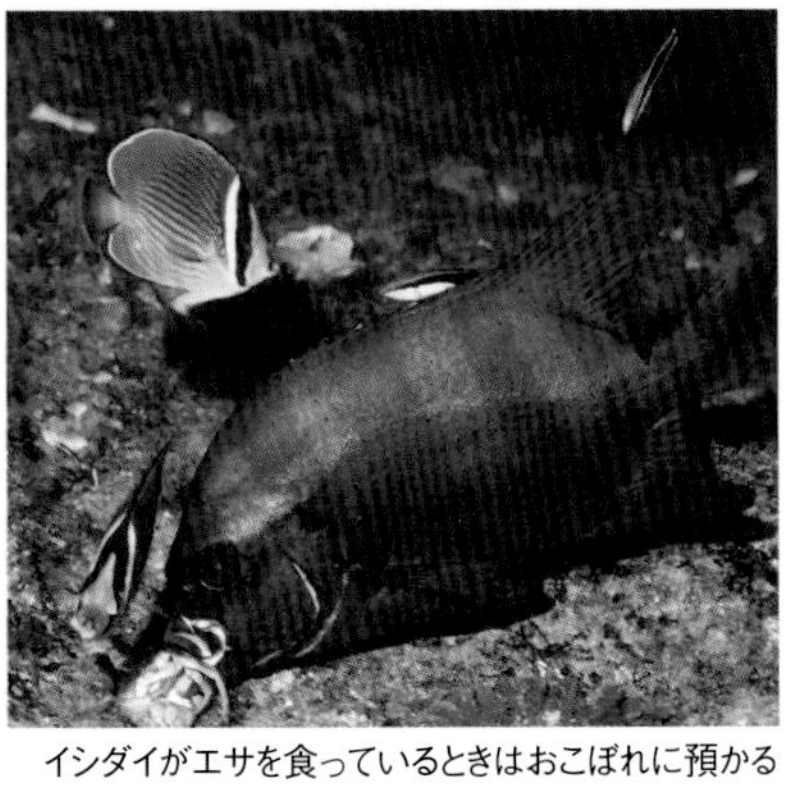
イシダイがエサを食っているときはおこぼれに預かる

ハタの仲間やイシダイ、そしてアジなど多くの魚がホンソメワケベラと仲良しだ。ホンソメワケベラは南日本でよく見かけるベラの仲間で、魚の体表についた寄生虫を食べるという習性があり、クリーナーフィッシュとか掃除魚と呼ばれている。広い海ではあるが、クリーニングステーション的な場所があって、そこに行けば寄生虫を食ってくれるという、魚にとっては癒やしのスポットがあったりもする。

魚はお風呂には入れないし、自分でアカをタオルでごしごし落とすなんてことはできない。アカというのは人間の例えだが、魚体にはいろいろな寄生虫が付く。それをホンソメワケベラ食い、きれいにしてくれる

浮かんで待っているダツに
ホンソメワケベラが接近

ダツがふらりとやってくると、ホンソメワケベラも
登場。「お待たせ～」とでも言っているのだろうか

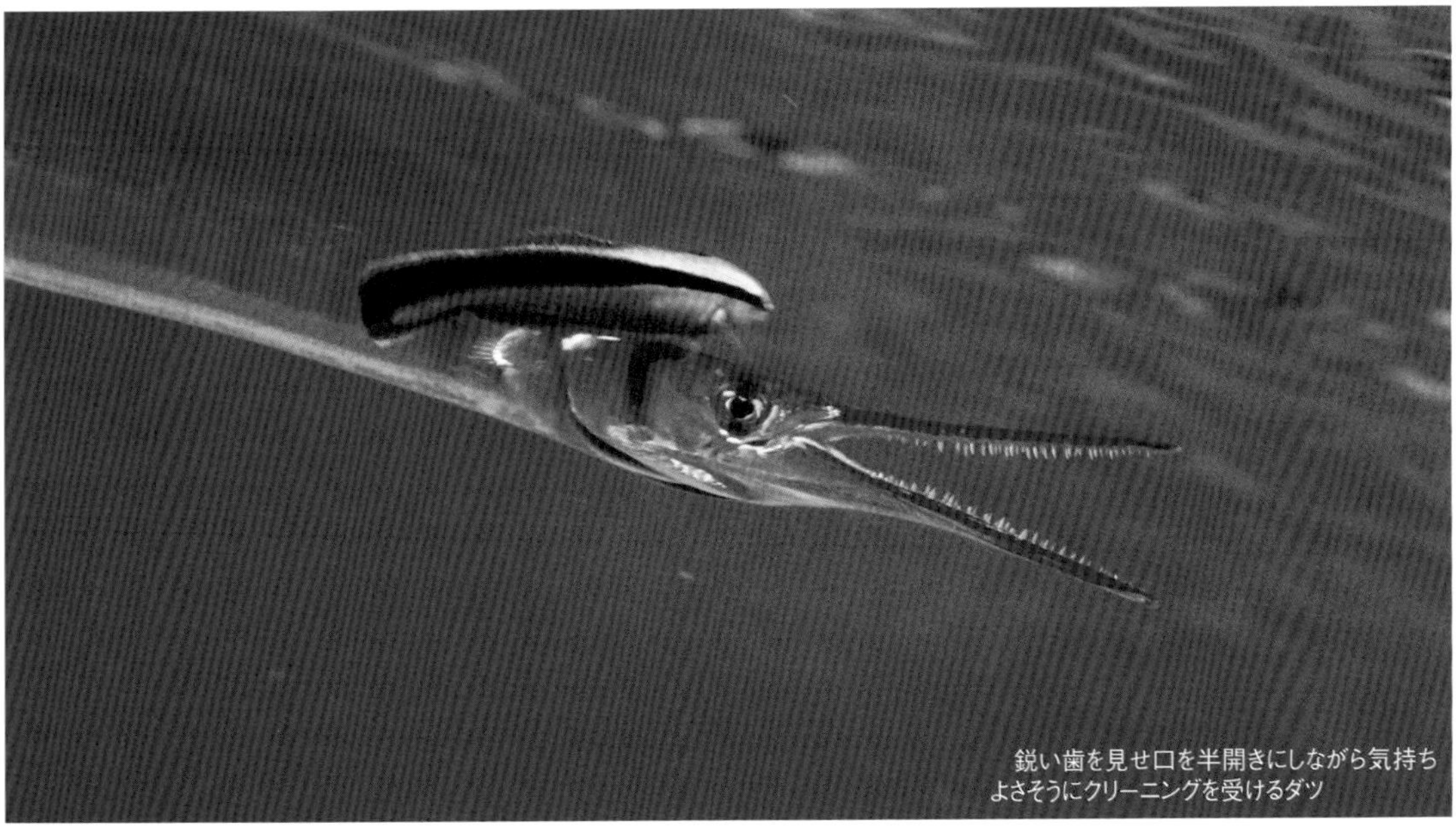

鋭い歯を見せ口を半開きにしながら気持ち
よさそうにクリーニングを受けるダツ

のである。まさに共生という関係で、ホンソメワケベラは、エサのおこぼれもついでに頂戴したり、持ちつ持たれつなのだ。

イシダイは岩の割れなどをすみかにしているが、そんな場所にはたいていホンソメワケベラがいる。体表の寄生虫を食べたり、ときにはイシダイが食っているエサを横から失敬したりもするようだ。

サラシ場は ダツの休息所

ダツは岸際のサラシが少しある場所へふらりとやってきて浮かんでいると、ホンソメワケベラが待ってましたと近寄ってきて、お掃除開始。小魚を見つければ何でもすぐ食ってしまいそうなどう猛なフィッシュイーターのダツでさえ、ホンソメワケベラはちゃんと区別している。一切エサにすることはなく、クリーニングしてくれる時間を気持ちよさそうに過ごす。鋭い歯を持つ口を半開きにし恍惚の表情を浮かべながらじっと癒やしの時間を満喫しているのだ。

何となく私たちが釣っている釣魚たち、北日本の魚は除いて、多分その多くがホンソメワケベラのお世話になっているはずだ。

捕食の瞬間

オキアミを入れてみると、スッと吸い込んだ。しばしこの状態で静止…

水槽で見た激食シーン　マコガレイ

砂の中から出て エサを吸い込み静止

■カレイは、エサをどうやって食っているのか、じっくり見たい。そう思って水槽でトライしてみると、目の前で釣り人垂涎のシーンが展開された。

おいしそうなマムシをカレイの目の前に持っていくと、ぴょこんと目が立った。興味津々なのが伺える

砂から出てマムシにゆっくり接近し、パクッと一気に吸い込んだ

マムシを食ってその場から動かない。ゆっくり味わうかのように口にマムシをくわえたままじっとしている

マコガレイ

北海道から九州にかけて生息する。秋から晩春にかけてが釣期。3～4月にかけては花見ガレイと呼ばれ人気を博す。ゴカイ類や甲殻類を捕食。

一気に吸い込んでものみ込むには時間がかかる

1日の大半をカレイたちは砂（サンゴ砂）の中に潜ってじっとしている。そして、砂から出てきたときに動きが活発化する。

時合いというか、カレイのお食事タイムは水槽内では午前10時ごろと、午後3時以降の夕方に2度あった。この時刻になると、カレイが砂の中から出てきて動きだす。

エサのマムシ（本虫）を狙うときには、舞うように泳ぎ、ゆらりゆらりとゆっくり近づく。動いて止まり、また動いて止まる。そして、エサを口にする最後の一瞬には目にも止まらぬ速さになる。決めの一瞬だけは、コブラが鎌首をもたげて獲物に襲いかかる、そんな瞬発的なイメージだ。そうしてマムシを口の中へと吸い込んでいく。ただし、一気という訳ではなく、全部のみ込むのは1～2分かかっていた。

カレイが砂から出てエサを待つような姿勢をとっていることもあり、その日は水槽の中から愛くるしい目で熱い視線を送ってきていた。それではと、さっそくマムシを投入すると、ゆっくりカレイが接近してきて、すぱっと一気に吸い込んだ。釣り場でなら、いきなりアタリ！　という感じだろう。ただし、のみ込むのにはいつもと同様に少し時間がかっかていた。カレイ釣りには焦りは禁物ということなのだ。

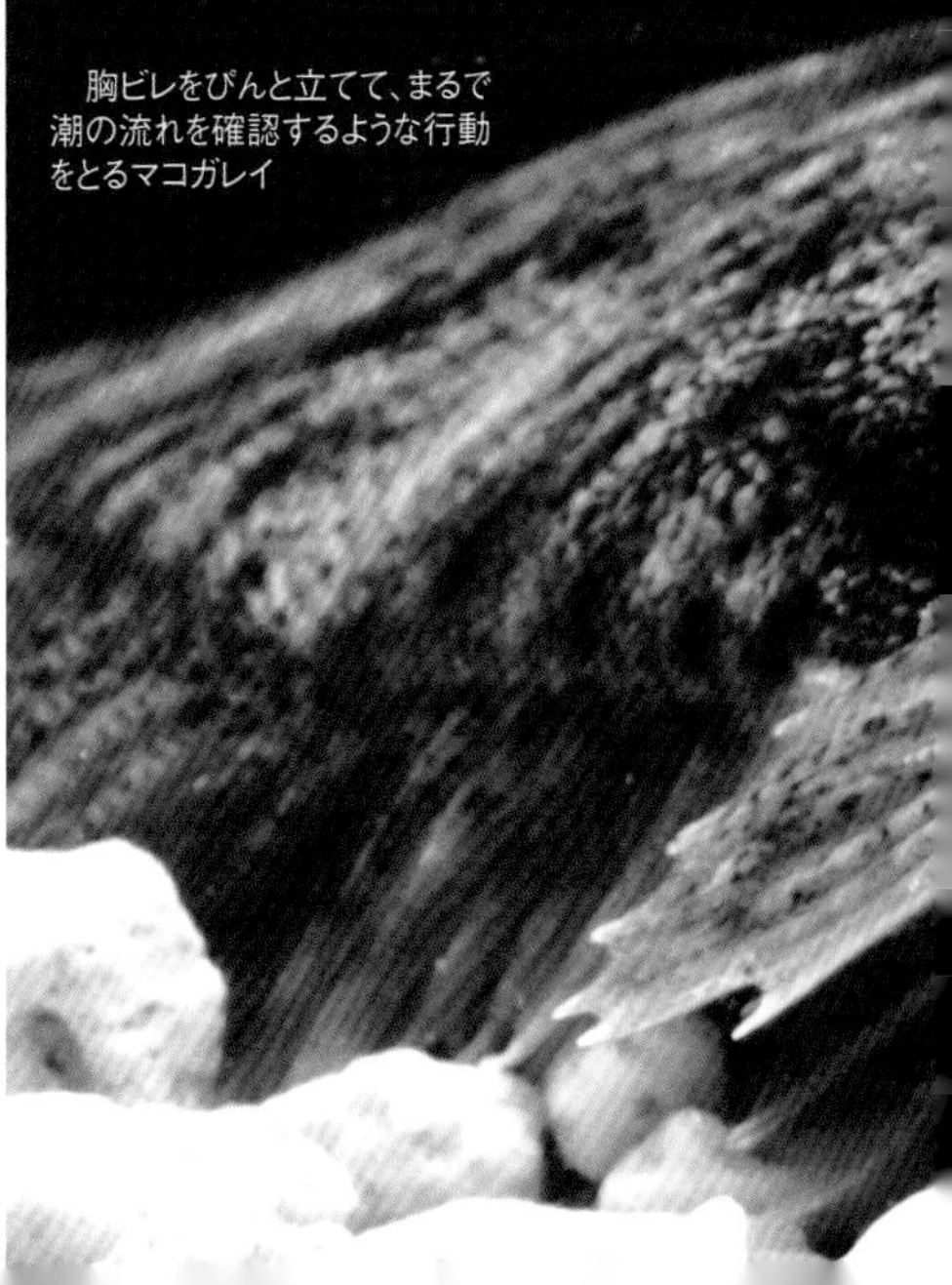

胸ビレをぴんと立てて、まるで潮の流れを確認するような行動をとるマコガレイ

水槽で見た激食シーン　マダコ

目立つ動くものに容赦なく襲いかかる

捕食の瞬間

タコジグを見つけるとすっと足を伸ばし1本、2本と絡めていく。このあと抱き込みにかかる

タコはユーモラスな生き物。しかし実体は、動くものには、すぐ足を伸ばして抱き込んでいく。とてもどう猛なハンターであったのだ。

タコテンヤが落ちてくるとまず一本の足をぬるりと絡めていく

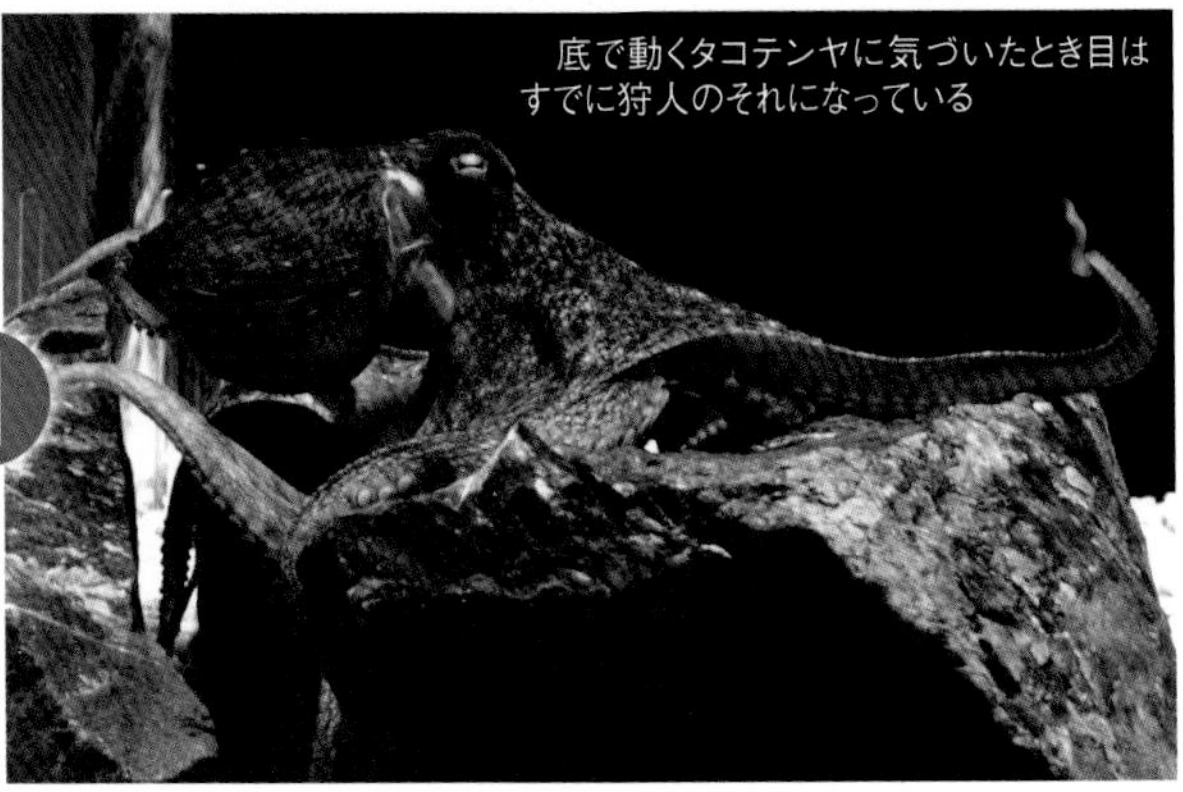

底で動くタコテンヤに気づいたとき目はすでに狩人のそれになっている

ジグをすっぽり抱き込んだ。これを引きはがそうとすると、石にしっかりへばりついてなかなか離れない

中層のジグには優雅に泳ぐようにアタック

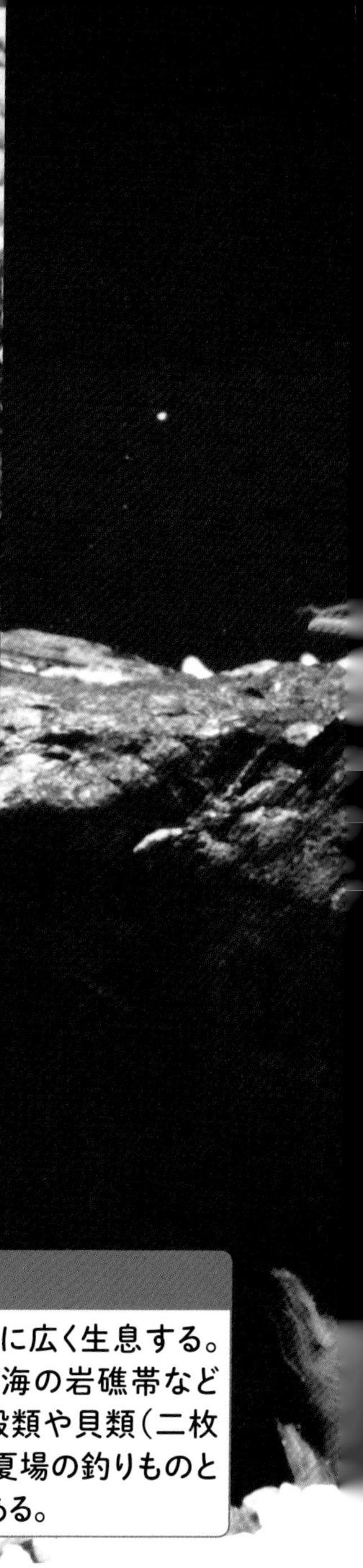

マダコ

本州以南に広く生息する。比較的浅い海の岩礁帯などに多い。甲殻類や貝類（二枚貝）を捕食。夏場の釣りものとして人気がある。

テンヤが落ちた瞬間、タコの目がキラリ！

タコジグを水槽内のタコの真横に落として、ふわふわと軽く踊らせてみた。すると、すっと足を一本伸ばしてタコジグにぬるりと絡める。そして大丈夫、問題ないとみるや2本目、3本目と足が伸びていく。それから、ぐいとタコ自身の方へタコジグを引き寄せて、抱き込んでしまった。

次はタコテンヤを投入してみた。テンヤが落ちた瞬間、タコの目がキラリ（ほんとうにそう感じた）と光る。テンヤを小刻みに動かすと、すっと足が伸びてきた。そして一気に抱き込んでいく。もう乗り乗り！という感じだ。タコはテンヤをしっかり押さえ込みにかかり、直後、完全にテンヤはタコに包まれた状態になった。

テンヤを回収しようとゆっくりとはがしていくと、タコは必死で抵抗する。吸盤で石に吸い付きテンヤもしっかり抱き込む。その力の強さといったら相当なもの。できれば、タコが油断しているときに一気に底を引きはがすのが、やっぱり最善なのだと納得したのだった。

釣れないとは言わせない

水中釣魚ワールド

食わせるヒントがいっぱい

撮影・文・編集
小泉圭一

表紙デザイン・レイアウト
丹田吾一(タンダ デザイン)

イラスト
楠田英男+根塚亜樹子(イラストワークカムカム)

発行日　2021年8月9日　第1刷
著　者　小泉圭一
発行者　清田名人
発行所　株式会社 内外出版社
〒110-8578 東京都台東区東上野2-1-11
企画販売局 ☎03-5830-0368

印刷・製本　株式会社 シナノ